Copyright © 2014 desta edição Casa da Palavra
Copyright © 2014 by Socorro Acioli
Copyright © 2014 by Monteiro Lobato

Todos os direitos reservados e protegidos pela
Lei 9.610, de 19.2.1998.
É proibida a reprodução total ou parcial sem
a expressa anuência da editora.

Este livro foi revisado segundo o Acordo Ortográfico da Língua
Portuguesa de 1990, em vigor no Brasil desde 2009.

Curadoria
João Alegria

Projeto gráfico e capa
Raquel Matsushita

Diagramação
Cecilia Cangello | Entrelinha Design

Copidesque
Martha Lopes

Revisão
Joana Milli

CIP-BRASIL. CATALOGAÇÃO NA PUBLICAÇÃO
SINDICATO NACIONAL DOS EDITORES DE LIVROS, RJ

A164s
    Acioli, Socorro
Emília: uma biografia não autorizada da marquesa de Rabicó / Socorro Acioli; [ilustração Wagner Willian]. - 1. ed. - Rio de Janeiro: Casa da Palavra, 2014.
96 p.: il.; 23 cm.

ISBN 978-85-7734-481-9

1. Literatura infantojuvenil brasileira. I. Willian, Wagner. II. Título.

14-12465
                    CDD: 028.5
                    CDU: 087.5

CASA DA PALAVRA PRODUÇÃO EDITORIAL
Av. Calógeras, 6, sala 1.001
Rio de Janeiro, RJ – 20030-070
21. 2222-3167 | 21. 2224-7461
divulga@casadapalavra.com.br
www.casadapalavra.com.br

socorro acioli

EMÍLIA
UMA BIOGRAFIA NÃO AUTORIZADA DA MARQUESA DE RABICÓ

WAGNER WILLIAN ilustrações

Casa da Palavra

SUMÁRIO

INTRODUÇÃO 8

1. O NASCIMENTO DE EMÍLIA 10

2. A CASA DE EMÍLIA 14

3. COMO EMÍLIA É, COMO SE VESTE, O QUE COME E O QUE SABE FAZER 20

4. A VIDA DE EMÍLIA 28

- **DE QUANDO EMÍLIA COMEÇA A FALAR; CASA-SE; SEPARA-SE; VIAJA AO CÉU; CAÇA UMA ONÇA E ADOTA UM RINOCERONTE** 29

- **DE QUANDO EMÍLIA APRENDE E ENSINA GRAMÁTICA, ARITMÉTICA, HISTÓRIA E GEOGRAFIA** 48

- **DE QUANDO EMÍLIA AJUDA A ENCONTRAR PETRÓLEO; RECEBE A VISITA DOS PERSONAGENS DAS FÁBULAS; REFORMA A NATUREZA; DIMINUI O MUNDO E SENTA NO COLO DE HÉRCULES** 59

5. OPINIÕES SOBRE EMÍLIA 68

• O QUE O PESSOAL DO SÍTIO PENSA SOBRE EMÍLIA 69

• O QUE LOBATO DISSE SOBRE EMÍLIA 73

• O QUE EMÍLIA ACHA DELA MESMA – MEMÓRIAS DE PANO E LINHA 76

6. AS VÁRIAS FACES DE EMÍLIA 80

• TEATRO, CINEMA E TELEVISÃO 82

• BONECAS E PRODUTOS 87

DICIONÁRIO DE ASNEIRAS DA EMÍLIA 88
EMÍLIA POR ELA MESMA 91
AS MELHORES FRASES DE EMÍLIA 92
ESTANTE DE EMÍLIA 95

QUANDO, AO ESCREVER A HISTÓRIA DE NARIZINHO, LÁ NAQUELE ESCRITÓRIO DA RUA BOA VISTA, ME CAIU DO BICO DA PENA UMA BONECA DE PANO MUITO FEIA E MUDA, BEM LONGE ESTAVA EU DE SUPOR QUE IRIA SER O GERME DA ENCANTADORA RAINHA MABE DO MEU OUTONO.

MONTEIRO LOBATO, *A BARCA DE GLEYRE.*

PERSONAGEM É UMA COISA MUITO MAIS QUE GENTE, PORQUE GENTE MORRE E OS PERSONAGENS NÃO MORREM, SÃO IMORTAIS, ETERNOS. DOM QUIXOTE, POR EXEMPLO. EXISTE DESDE O TEMPO DE CERVANTES, E EXISTIRÁ ENQUANTO HOUVER HUMANIDADE. SE FOSSE GENTE, JÁ TERIA MORRIDO HÁ MUITO TEMPO E NINGUÉM MAIS SE LEMBRAVA DELE. QUEM SE LEMBRA DOS FIDALGOS-GENTE DO TEMPO DE CERVANTES? TODOS MORRERAM, DESAPARECERAM DA MEMÓRIA DOS HOMENS. MAS DOM QUIXOTE E SANCHO, QUE SÃO DA MESMA ERA, CONTINUAM PERFEITAMENTE VIVOS, SÃO CITADOS A TODA HORA, NÃO MORRERAM NEM MORRERÃO NUNCA.

MONTEIRO LOBATO, *HISTÓRIAS DIVERSAS.*

INTRODUÇÃO

Algumas pessoas já são adultas e conheceram a Emília há muitos anos. Outras estão conhecendo agora, mas não importa a idade: ninguém escapa dos encantos dessa bonequinha engraçada, geniosa e cheia de ideias.

Emília teve uma vida e tanto. Conheceu os lugares mais lindos do mundo, encontrou grandes personagens da História e da Literatura, fez amizade com Hércules, Dom Quixote, Alice (a do País das Maravilhas), Branca de Neve, Gato de Botas. Viajou ao céu, trouxe um anjinho de verdade pra Terra, uma vida cheia de emoções.

Porém, ela também se meteu em confusões e fez muitas bobagens. Com o seu jeitinho espevitado, ofendia os amigos do Sítio: chamava a querida tia Nastácia de beiçuda, desrespeitava a Narizinho, enganava a Dona Benta, humilhava o Rabicó, tirava chacota do Pedrinho e chegou até a matar o Visconde, esmagando-o com um exemplar do *Dom Quixote*. Depois, quando escreveu suas memórias, Emília reconheceu seus erros e até pediu desculpas.

Não pensem que foi fácil contar a vida divertida e cheia de aventuras da Emília só porque ela é uma boneca. Foi um trabalhão, isso sim. Pesquisei tudo o que pude sobre ela e sobre o seu criador, Monteiro Lobato. Li todos os livros e cartas de Lobato que encontrei, destacando cada palavra que ele escreveu e pensou sobre a Marquesa de Rabicó. Todas as informações que estão nessa biografia foram retiradas da obra original, palavra por palavra. Tudo verdade, nada inventado.

Eu também revirei sua canastra, fiz um dicionário com as suas asneirinhas, uma lista de suas melhores frases e uma ficha completa das informações mais importantes sobre a vida e a obra dessa boneca inesquecível.

Tenho certeza de que você vai gostar de conhecer com detalhes tudo o que aconteceu com a Emília. Eu também adorei fazer essa pesquisa, mas confesso que estou preocupada. Esta é uma biografia não autorizada porque eu contei tudo mesmo, e Emília não concorda com essa honestidade toda. Ela disse em suas memórias que biografia é pra escrever não o que aconteceu, mas o que poderia ter acontecido.

Se Emília não gostar do que está escrito aqui, vai ser uma confusão. Ela vai mandar retirar os livros das livrarias e abrir um processo contra mim, e eu enfrentarei muitos problemas se isso acontecer. Por isso, aproveite para ler enquanto ela não se zanga e descubra aqui a verdade sobre Emília, a boneca que apaixona os brasileiros desde 1920.

SOCORRO ACIOLI

1.

Emília nasceu na primeira página do livro *A menina do narizinho arrebitado*, publicado em 1920. Seu criador foi o escritor Monteiro Lobato. Ele mesmo disse, em cartas para os amigos, que no começo não imaginou que Emília seria uma personagem tão forte em suas histórias, porque nas descrições iniciais ela não tinha graça nenhuma. E ele tem razão, o trecho que apresenta Emília aos leitores pela primeira vez começa assim:

Naquela casinha branca, lá muito longe, mora uma triste velha de mais de setenta anos. Coitada! Bem no fim da vida que está, e trêmula e catacega, sem um só dente na boca, jururu, todo mundo tem dó dela: – Que tristeza viver sozinha no meio do mato...
Pois estão enganados. A velha vive feliz e bem contente da vida, graças a uma menina órfã de pai e mãe que lá mora desde que nasceu. Menina morena, de olhos pretos como duas jabuticabas – e reinadeira até ali! ... Chama-se Lúcia, mas ninguém a trata assim. Tem apelido. Yayá? Nenê? Maricota? Nada disso. Seu apelido é "Narizinho Arrebitado". – não é preciso dizer por quê. Além de Lúcia, existe na casa Tia Nastácia, (...) uma boneca de pano, muito feiosa, a pobre,

com seus olhos de retrós preto e as sobrancelhas tão lá em cima que é ver uma cara de bruxa. Mas apesar disso, Narizinho quer muito bem à Senhora Dona Emília, vive a conversar com ela, e não se deita sem primeiro acomodá-la numa redinha armada entre dois pés de cadeira.

Alguns anos depois, o Lobato mudou um pouquinho e o livro ficou assim:

Numa casinha branca, lá no Sítio do Picapau Amarelo, mora uma velha de mais de sessenta anos. Chamava-se dona Benta. Quem passa pela estrada e a vê na varanda, de cestinha de costura ao colo

e óculos de ouro na ponta do nariz, segue seu caminho pensando: Que tristeza viver assim tão sozinha neste deserto... Mas engana-se. Dona Benta é a mais feliz das vovós, porque vive em companhia da mais encantadora das netas – Lúcia, a menina do Narizinho Arrebitado, ou Narizinho, como todos dizem. Narizinho tem sete anos, é morena como jambo, gosta muito de pipoca e já sabe fazer bolinhos de polvilho bem gostosos.
Na casa ainda existem duas pessoas – Tia Nastácia, (...) que carregou Lúcia em pequena – e Emília, uma boneca de pano bastante desajeitada de corpo. Emília foi feita por Tia Nastácia, com olhos de retrós preto e sobrancelhas tão lá em cima que é ver uma bruxa. Apesar disso, Narizinho gosta muito dela; não almoça, nem janta sem a ter ao lado, nem se deita sem primeiro acomodá-la numa redinha entre dois pés de cadeira.

Essa é a forma como Emília é apresentada até os dias de hoje para os leitores que a procuram nos livros.

Monteiro Lobato lembra que foi em 1920 que escreveu o nome de Emília pela primeira vez. Assim, podemos dizer que ela nasceu na cabeça do escritor nessa data.

Porém, ao ler *A menina do nariz arrebitado*, não dá para descobrir exatamente o dia, o mês e o ano em que a Tia Nastácia costurou a boneca de chita recheada com macela para Narizinho brincar. Então, vamos considerar o nascimento de Emília como sendo em 1920. O ano em que Emília saiu da cabeça de Lobato para viver no papel e, depois, se eternizar no coração de milhões de brasileiros, por muitos e muitos anos.

2.

Antes de contar a vida de Emília e tudo o que aconteceu desde que Tia Nastácia a costurou, vamos conhecer o mundo onde ela vive, as pessoas de sua casa e os lugares onde brinca.

Emília vive no Sítio do Picapau Amarelo. A dona do Sítio é a simpática vovó Benta Encerrabodes de Oliveira, que adora receber visitas. Dona Benta é tataraneta do português Encerrabodes, que morava lá longe, em Freixo de Espada à Cinta, e cujo filho, Joaquim Encerrabodes de Oliveira, emigrara para o Brasil. Mas, ao chegar aqui, ele mudou o nome para Joaquim de Oliveira Serra e soltou os bodes que estavam encerrados em seu nome.

O Sítio fica em um lugar muito bonito, perto do Capoeirão dos Tucanos Vermelhos e do Capoeirão dos Taquaraçus, na Terra dos Lagartões. Ele é bem grande e fica distante das cidades. A vila mais próxima tem duas vendas muito simples, uma igrejinha muito pobre, um farmacêutico caolho, dois curandeiros e um antigo coronel da Guarda Nacional para colocar ordem em tudo e todos.

A casa é antiga, com cômodos espaçosos e frescos. O quarto de Dona Benta é o maior de todos. Perto dele, fica o quarto de Narizinho, neta órfã de Dona Benta. Além desses existem mais dois quartos: o de Pedrinho Encerrabodes, filho de Antonica e neto de Dona Benta, que sempre passa férias no Sítio; e o de Tia Nastácia, a cozinheira e faz-tudo da casa. Também moram no Sítio o Visconde, um sabugo de milho intelectual que vive na biblioteca; e a boneca Emília, que está sempre com Narizinho. A sala da casa é bem espaçosa, com janelas viradas para o jardim. Lá estão um piano, um sofá de madeira, duas poltronas do mesmo estilo e seis cadeiras. A mesa de centro é de mármore. Há também outras duas mesas de mármore encostadas nas paredes, cheias de enfeites: três casais de içás vestidos, vários caramujos e estrelas-do-mar, duas redomas com velas dentro, tudo colocado sobre os "pertences" de miçangas feitos por Narizinho. Hoje em dia ninguém mais sabe o que é isso. Pertences eram umas rodelas de crochê que havia em todas as casas para botar bibelôs em cima; para o lavatório de Dona Benta, Narizinho fizera pertences de crochê, e para a sala de visitas fizera aqueles de miçangas de várias cores e bem miudinhas.

Antes da sala de visitas, há a sala de espera, com chão cor de chita cor-de-rosa desbotada, que abre para a varanda, cercada de gradil de madeira pintado de azul-claro. Da varanda, descemos uma escadinha de seis degraus e chegamos ao terreiro. A varanda é cheia de orquídeas, avenca miúda e outras plantas cultivadas por Pedrinho. O jardim, nos fundos da sala de jantar, é cuidado pessoalmente por Dona Benta, com flores de sua preferência. Emília também tem o próprio canteiro. Além de cuidar muito bem das plantas, ela tem a capacidade de conversar com as flores, ouvir suas queixas e resolver seus problemas. O pomar é uma delícia, cheio de árvores velhas que dão muita sombra e frutas gostosas. Lá ficam a pitangueira de Emília, as três jabuticabeiras de Pedrinho, a mangueira de manga-espada de Narizinho e os pés de mamão de Tia Nastácia. A árvore de Visconde é um pezinho de romã.

Dona Benta não admite nenhuma maldade com os pássaros, por isso eles sentem-se livres e enchem o pomar de cores e cantos. As jabuticabeiras fazem a festa da meninada. São as frutas preferidas de Narizinho e de outro morador do Sítio, um leitão muito guloso que recebeu o nome de Rabicó. Assim que Narizinho sobe na árvore para comer as jabuticabas, ele fica embaixo para receber os caroços. Cada vez que soava lá em cima um "tloc!",

seguido de um "pluf!", ouvia-se cá embaixo um "nhoc!" do leitão abocanhando qualquer coisa. E a música da jabuticabeira era assim: "tloc! pluf! nhoc!"

O terreiro do Sítio, em frente à varanda, é vedado por uma cerca de pau a pique. No centro da cerca, fica a porteira. Depois da porteira, fica o pasto. Atrás do pasto, surge a estrada que leva até a vila. No final do pasto, perto da ponte, fica a casinha do Tio Barnabé Semicúpio da Silva, que tem mais de oitenta anos e mora num rancho coberto de sapé. O Tio Barnabé fuma cachimbo e é muito amigo de todos no Sítio. Na mata ao redor do Sítio também mora a Cuca, uma criatura malvada com cara de jacaré, garras nos dedos e mais de 3 mil anos de idade – mas que só dorme uma noite a cada sete anos. Há também o Saci, a Caipora e a Iara, que mora em uma cachoeira e aparece em noites de Lua, usando um pente de ouro. Um dos lugares mais bonitos é o Ribeirão do Caramingua, que passa pela casa do Tio Barnabé, corta o pasto e faz as divisas do pomar com as terras de plantação.

No Sítio do Picapau Amarelo a habitação não poderia ser melhor. O Sítio é localizado em bom terreno, livre de intempéries, de solo fértil, rodeado por árvores e com um ribeirão cheio de peixes. Sempre tem lugar para quem chega, e cada um encontra o seu canto preferido dentro da casa de Dona Benta Encerrabodes de Oliveira. Ela recebe a todos de coração aberto, mesmo quando se trata de uma delegação de mil crianças inglesas que foram visitar o Sítio para conhecer o anjinho Flor das Alturas, que Emília trouxe de sua viagem ao céu.

As questões de trabalho não são exatamente um problema na casa. Com a ajuda de Barnabé e Nastácia, as necessidades dos habitantes do Sítio são atendidas sem maiores conflitos. Narizinho vez por outra ajuda a arrumar um quarto de hóspedes ou a estender as roupas. Dona Benta trabalha administrando o Sítio.

Visconde realiza apenas trabalho intelectual, como pesquisador, apesar de não ser remunerado. Aliás, o pobre Visconde pertence à classe dos fidalgos arruinados que só possuem o seu título de nobreza. Nunca teve de seu nem sequer um tostão furado. Nunca viajou para compartilhar suas pesquisas, a não ser quando viajou com Dona Benta e Tia Nastácia para representar a Humanidade e o Bom Senso na Conferência de Paz de 1945. Nessa ocasião, aprendeu muito sobre as glândulas e realizou experiências nos animais do Sítio, as quais chamaram a atenção de um cientista muito famoso, Dr. Zamenhof, que foi conhecer de perto as experiências do Visconde.

O convívio social, a conversa, é o ponto alto da vida dessa comunidade. Todas as noites tem leitura em voz alta no Sítio. Dona Benta divide sua sabedoria com o pessoal da casa, abre espaço para perguntas, questionamentos e contestações e está sempre pronta para ler uma nova aventura.

Os passeios também trazem grandes emoções para os moradores do Sítio. Eles já fizeram viagens ao céu, conheceram a Lua, passearam pela Via Láctea, foram ao País da Gramática, a Hollywood e aonde mais tiveram vontade. O recurso para essas viagens é o pó de pirlimpimpim ou o faz de conta. Nesses passeios, eles adquirem cultura, conhecimento e maturidade para enfrentar situações adversas.

Quanto à culinária, no Sítio tem tudo do bom e do melhor. Tem o leite da vaca mocha, ovos das galinhas da casa, muitas frutas e legumes bem-cuidados e sem agrotóxicos. Além disso, existe a Tia Nastácia, que transforma polvilho e gordura em bolinhos tão saborosos que deixaram São Jorge com água na boca durante a visita que a turma do Sítio fez à Lua.

Agora que você já conhece o Sítio do Picapau Amarelo quase como se tivesse ido até lá, vou contar para você todos os detalhes e os maiores segredos da vida da Emília.

3.

Desde quando Emília foi apresentada pela primeira vez, Monteiro Lobato disse que ela não passava de uma boneca de pano muito desajeitada de corpo.

Emília foi feita por Tia Nastácia, com olhos de retrós preto e sobrancelhas tão lá em cima que parece uma bruxa. Sobre seus olhos, a própria boneca diz que tem uma visão privilegiada, o que fica confirmado nas aventuras do Sítio, em que a Emília sempre é a que mais vê. Uma vez a Emília disse assim:

— Pois eu enxergo uma pulga no pelo da Grande Ursa lá no céu.

Emília vivia a proclamar o maravilhoso poder de visão dos seus olhinhos, deixando os meninos em dúvida. Narizinho e Pedrinho enxergavam perfeitamente, como em regra todas as criaturas ainda no começo da vida. Já Emília enxergava mil vezes mais, segundo vivia dizendo... Seria verdade ou lorota? Impossível verificar. Imagina a boneca dizer que consegue ver "uma pulga no pelo da Grande Ursa lá no céu". Grande Ursa é o nome de uma estrela! Emília também disse que "temos duas qualidades de olhos: os da cara e os da imaginação: já vi muita neve com os olhos da imaginação". Então deve ser isso. Essa capacidade de ver que a boneca diz que tem é o seu poder de imaginar e enxergar o que não existe, porque olhos mesmo, ela tem é de retrós.

No livro em que a boneca nasceu, nada se fala sobre o nariz de Emília, mas, em *Reinações de Narizinho*, um outro livro de Lobato, está escrito que Emília às vezes tem uns faniquitos e Narizinho precisa esfregar uma folha de erva-cidreira em seu nariz. Então a boneca tem nariz. Ou não tem? Porque na *Aritmética da Emília*, é a própria boneca quem diz que as bonecas são diferentes do rinoceronte porque eles têm chifres no nariz e as bonecas nem nariz têm. Pelo menos alguma coisa em lugar de nariz Emília deve ter. Em *Caçadas de Pedrinho*, Emília é escalada para a aventura porque tem um bom faro. A não ser que Lobato tenha usado essa palavra "faro" com o sentido de sensibilidade, intuição, argúcia. Ou de faro de nariz mesmo, já que em *Emília no País da Gramática*, a bonequinha recusa um beijo da Anástrofe porque acha que um beijo dessa figura de linguagem poderia "inverter os termos de minha cara, pondo a boca em cima do nariz, ou coisa parecida", e na *História das invenções*, está contado que Emília espirra e puxa o seu lencinho, afirmando desta forma que ela tem nariz.

Sobre o tamanho de Emília, hummmm, está aí uma outra confusão. Vamos casar as informações: Pedrinho comenta, em determinado momento, que os dois juntos têm 1,60 m de altura. Em outra ocasião, Dona Benta afirma que a bonequinha mede apenas dois palmos. Ou seja, que ela é bem pequenina.

A primeira descrição da boneca fala que ela usava uma saia e uma touca de cabeça. É a touca que Narizinho tira de Emília para vestir o sapo Major Agarra-e-não-larga-mais, que está dormindo quando a menina chega para conhecer o Reino das Águas Claras, cuja entrada ele devia vigiar. Durante a viagem ao céu, Emília comenta que guardou alguns rabos de cometa no bolso de seu avental. Então ela também tinha um avental. Também descobri sobre a estampa de um vestido da boneca, composta por "ramos de rosas vermelhas", e em outro momento, umas anotações sobre uma "roupinha xadrez". Depois que Emília vira gente, assume o cargo de Diretora de Transportes da Companhia Donabentense de Petróleo e ganha muito dinheiro, ela passa a usar outras roupas: "Culote amarelo, perneirinhas, blusa cheia de bolsos e capacete de cortiça." Nos pés, gostava de calçar botas.

Tia Nastácia comenta que ela foi feita de um paninho muito ordinário:

– Se eu imaginasse que ela iria aprender a falar, eu tinha feito ela de seda, ou pelo menos de um retalho daquele vestido de ir à missa.

Para complementar a boneca, Tia Nastácia também fizera um carocinho no pescoço para que ficasse bem igual a uma gente de verdade.

A voz de Emília começa como uma falinha fina de boneca de pano. Depois, as falas de Emília vão se tornando quase sempre um berro ou um grito. Tudo indica que Emília tinha língua, já que muitas vezes, em momentos de raiva, ela "bota a língua" para as pessoas. E como ela sente gosto, está mais do que provado que Emília tem língua. Vocês sabem qual foi a primeira coisa que Emília disse na vida?

– Que gosto horrível de sapo na boca!

Em uma história, a bonequinha diz que gostaria de andar de zepelim para dar umas "cuspidinhas lá de cima". Então, além de ter boca, língua e sentir o gosto das coisas, a boneca também tem saliva.

A alimentação de Emília é um assunto engraçado. Em *Reinações de Narizinho*, ela come croquetes e acha muito gostoso. Nessa história, Emília conta para a costureira Dona Aranha:

– Nunca comi coisa alguma – e sinto bastante porque comer parece uma coisa muito gostosa.

No livro *Geografia de Dona Benta*, está escrito que, ao ver Narizinho comer gemada, Emília e Visconde entreolham-se. Em certos momentos, eles se entristecem de não serem gente de verdade – gente que come... Em *Serões de Dona Benta*, Emília apresenta o seu sistema de comer laranjas, "tirando a pelinha dos gomos". Então, nesse assunto de comida, parece que Emília faz mesmo o que bem entende, comendo ou descomendo quando quer.

Emília nunca fica doente. A própria boneca justifica sua saúde dizendo:

– Eu sou de pano e as doenças não penetram no meu corpo. Sabe por quê? Porque o pano é uma peneirinha que coa a doença...

Mas certa vez ela esqueceu esse fato e, para escapar de concluir uma apresentação sobre um assunto de aritmética que ela não sabia, teve que inventar uma doença, uma "dor de dentes abstrata".

Temos também a informação de que, mesmo sendo de pano, Emília sentiu frio durante uma viagem imaginária de navio com a turma do Sítio.

Em conversa com um soldado da cavalaria do Reino das Águas Claras, Pedrinho comentou sobre as características físicas de Emília. Disse que Emília passou muito requebrada no seu vestido cor-de-rosa. Ia tão absorvida em seus altos pensamentos que nem os percebeu.

– Quem é esta senhora?

– Pois é a Marquesa de Rabicó, não sabe? Uma das damas mais ilustres dos tempos modernos.

– Hum! – Fez o couraceiro lembrando-se. – Se não me engano esteve lá no Reino há muito tempo, em companhia de Narizinho. Mas naquela época usava camisola e tinha cabelos pretos.

Emília muda muito, não é como as pessoas, que são sempre as mesmas, com a mesma aparência. Cada vez que Narizinho enjoa da cara dela, muda. Muda tudo. Muda a boca, mais para baixo ou mais para cima. Muda as sobrancelhas, muda os olhos. Houve até uma vez que Emília passou cinco dias sem os olhos. Como assim? Narizinho estava mudando os olhos dela e já tinha arrancado os velhos para pôr novos, quando viu que não havia mais retrós no carretel. Até que alguém fosse à cidade e trouxesse mais linha para a costura, a coitada ficou sem olhos, ceguinha num canto, sem enxergar coisa nenhuma...

Quando está em momentos de tensão, ela fica de lábios apertados e olhinhos duros. Às vezes, fica de ruguinha na testa, sinal de ideia-mãe em formação. E quando pisca distraída, também é anúncio de novas ideias.

Quanto aos anos de vida de Emília, no livro *O Saci*, o narrador apresenta a idade de cada morador do Sítio: Dona Benta, 64 anos; Tia Nastácia, 66; Narizinho, 8; Pedrinho, 9. Emília, o Marquês e o Visconde, 1 cada um.

O livro em que são apresentadas essas idades, *O Saci*, foi escrito em 1921. O primeiro livro infantil, A menina do narizinho arrebitado, foi escrito em 1920. Consideramos, então, que o autor está marcando o nascimento de Emília no ano de 1920. Dentro da obra, podemos dizer que sua vida foi registrada dos zero aos catorze anos.

Há uma coisa importantíssima a ressaltar nesta biografia: no livro *Serões de Dona Benta*, de 1937, o autor Monteiro Lobato refere-se à fala de Emília como uma ex-boneca. No mesmo livro, durante um dos serões de Dona Benta, Pedrinho comenta que Emília tinha o espírito sanguinário porque "quando Tia Nastácia a fez, usou pedações de baeta vermelha. Hoje Emília já não é de pano – mas o vermelho da baeta ficou em seu temperamento. Daí o tal sanguinarismo".

Acho que consegui descobrir quando aconteceu essa mudança de boneca para "gente". Antes de escrever *Serões de Dona Benta*,

Lobato escreveu a *História das invenções*, nessa história Dona Benta diz a Emília:

– Você não parece gente. Você já é na verdade uma gentinha – e das boas.

Talvez tenha sido neste momento, com as palavras de Dona Benta, que Emília tornou-se gente de verdade.

Agora que você já sabe tantos detalhes sobre o corpinho, os gostos, as manias e o mistério da transformação de Emília de boneca para gente, vou contar para vocês alguns dos momentos mais importantes da vida de Emília. Ufa! Foram tantos!

4.

DE QUANDO EMÍLIA COMEÇA A FALAR; CASA-SE; SEPARA-SE; VIAJA AO CÉU; CAÇA UMA ONÇA E ADOTA UM RINOCERONTE

A vida de Emília é passear todas as tardes com Lúcia, a menina do narizinho arrebitado, sua dona. Elas vão para a beira do ribeirão nos fundos do pomar do Sítio, onde Lúcia senta na raiz dum velho ingazeiro para dar farelo de pão aos lambaris.

Os peixes conhecem Lúcia. Os menores chegam perto, os graúdos não, "parece que desconfiam da boneca, pois ficam ressabiados, a espiar de longe". Uma vez, depois de alimentar os peixes, Lúcia fechou os olhos com sono, arrumou Emília no seu braço e, quando estava quase dormindo, sentiu cócegas no seu nariz. Era um peixinho, vestido de casaco vermelho, cartola e guarda-chuva. Assim começou o convívio delas com os moradores do ribeirão, que já lhes eram gratos pelas migalhas de pão de todo dia.

O peixinho achou Emília muito séria e perguntou a Lúcia se a boneca estava emburrada.

– Não é burro não, seu príncipe – respondeu. – A pobre é muda de nascença. Ando à procura de um bom doutor que a cure.

Lúcia foi convidada para um baile no fundo do ribeirão, que na verdade era o Reino das Águas Claras. No meio do passeio, Emília desapareceu.

O baile começou e Lúcia ainda não tinha notícias da boneca, até que o mordomo do Reino reapareceu muito afobado e disse que Emília fora assaltada por algum bandido e estava na gruta dos tesouros, estendida no chão, como morta. Narizinho imediatamente deixou o baile e foi ver Emília – que estava toda arranhada e com um dos olhos arrancado. Dr. Caramujo, o médico do Reino das Águas Claras, foi convocado pelo Príncipe para curar a mudez de Emília. Só assim poderiam descobrir quem fora o responsável pelo crime cometido.

No dia seguinte, Narizinho procurou o médico e, a muito custo, conseguiu resolver o problema. O Dr. Caramujo tinha um estoque de pílulas falantes, que serviriam para fazer Emília falar, mas seu estoque havia sido saqueado. Ele pensou em matar um papagaio para extrair sua falinha, mas Lúcia foi contra. Até que Dr. Caramujo descobriu que todas as suas pílulas estavam na barriga de um sapo. Agora, sim, poderia curar Emília.

Veio a boneca. O doutor escolheu uma pílula falante e pôs-lhe na boca.

– Engula duma vez! – disse Narizinho, ensinando a Emília como se engole pílula. – E não faça tanta careta que arrebenta o outro olho.

Emília engoliu a pílula, muito bem engolida, e começou a falar no mesmo instante. A Emília falou, falou, falou mais de uma hora sem parar. Falou tanto que Narizinho, atordoada, disse ao doutor que era melhor fazê-la vomitar aquela pílula e engolir outra mais fraca.

– Não é preciso – explicou o grande médico. – Ela que fale até cansar. Depois de algumas horas de falação, sossega e fica como toda gente. Isso é "fala recolhida" que tem que ser colocada para fora.

E assim foi. Emília falou três horas sem tomar fôlego. Por fim calou-se. Uma curiosidade na biografia de Emília é que, na primeira edição do livro *A menina do narizinho arrebitado*, Emília era uma boneca de pano comum, sem vida própria. Narizinho chega a esquecê-la quando está no Reino das Águas Claras. Apenas muito tempo depois, quando o Monteiro Lobato recontou a história de *Reinações de Narizinho*, é que ele escreveu o episódio das pílulas falantes. Esses escritores às vezes demoram pra entender as coisas...

Nas primeiras falas de Emília, as palavras saem todas trocadas: cobertor é mantilha, Dr. Caramujo é Doutor Cara de Coruja, Pequeno Polegar é Polegada, beliscão é liscabão. Esse troca-troca de nomes continua por toda a vida de Emília. Mas, observando essa maneira de falar da boneca, Narizinho percebeu de imediato sua personalidade.

Viu que a fala de Emília ainda não estava bem ajustada, coisa que só o tempo poderia fazer. Viu também que ela era de gênio teimoso e asneirenta por natureza, pensando a respeito de tudo de um modo especial todo seu.

– Melhor que seja assim – filosofou Narizinho. – As ideias de vovó e Tia Nastácia a respeito de tudo são tão sabidas que a gente já as adivinha antes que elas abram a boca. As ideias de Emília hão de ser sempre novidades.

Depois de controlada a fala, Emília explicou que havia sido atingida por Dona Carocha, uma personagem das *Histórias da Carochinha*, bem mais velha que Emília, e que desde 1896 fazia parte da Biblioteca Infantil da Livraria Quaresma.

A Dona Carochinha que aparece no Reino das Águas Claras é grosseira, ofensiva, chama Dona Benta e Tia Nastácia de "velhas corocas", o que deixa Narizinho – e todas as crianças – com uma impressão muito ruim dela. Além disso, a Carocha prende em seus livros diversos habitantes das histórias infantis, que estão com muita vontade de fugir de lá para conhecer a menina do narizinho arrebitado. Bela Adormecida, Aladim, Gato de Botas, Branca de Neve, todos estão entediados com a vida que levam. O Pequeno Polegar é o primeiro a fugir. Para realizar a fuga, contou com a ajuda de Emília, que arrancou os óculos da Dona Carochinha e fugiu com eles. Vale lembrar que, no começo do livro *Reinações de Narizinho*, o autor diz que Emília é uma grande medrosa, mas isso não é verdade. Vocês verão.

Quando Monteiro Lobato começou a escrever as histórias de Emília e sua turma, o que ele queria era inventar uma coisa nova, diferente do que existia no Brasil. Ele falou sobre isso em uma carta para seu grande amigo Godofredo Rangel, vejam só:

Ando com várias ideias. Uma: vestir à nacional as velhas fábulas de Esopo e La Fontaine, tudo em prosa e mexendo nas moralidades. Coisa para crianças. Veio-me diante da atenção curiosa com que meus pequenos ouvem as fábulas que Purezinha lhes conta. Guardam-nas de memória e vão recontá-las aos amigos – sem, entretanto, prestarem nenhuma atenção à moralidade, como é natural. A moralidade fica no subconsciente para ir se revelando mais tarde, à medida que progredimos em compreensão. Ora, um fabulário nosso, com bichos daqui em vez dos exóticos, se for feito com arte e talento dará coisa preciosa. As fábulas em português que conheço, em geral traduções de La Fontaine, são pequenas moitas de amora no mato – espinhentas e impenetráveis. Que é que nossas crianças podem ler? Não vejo nada. Fábulas assim seriam um começo da literatura que nos falta. Como tenho um certo jeito para impingir gato por lebre, isto é, habilidade por talento, ando com ideia de iniciar a coisa. É de tal pobreza e tão besta a nossa literatura infantil que nada acho para a iniciação dos meus filhos. Mais tarde só poderei dar-lhes o *Coração de amicis* – um livro tendente a formar italianinhos.

Emília sempre foi uma defensora das ideias de Lobato. Talvez por isso tenha atrapalhado o trabalho de Dona Carochinha: ela libertou os personagens da literatura infantil para passearem no Sítio, o que vai acontecer diversas vezes ao longo dos livros que o Lobato escreveu.

Depois de tantas aventuras no Reino das Águas Claras, a volta para casa acontece quando todos escutam um grande estrondo duma voz que diz:

– Narizinho, vovó está chamando!

Uma ventania muito forte envolve Narizinho e Emília e arrasta-as do fundo do ribeirão para o pomar.

Ao retornarem, Dona Benta anuncia que Pedro, filho de sua filha Antonica, estava chegando para passar as férias no Sítio. Preparando a chegada da visita, Dona Benta pediu para Narizinho arrumar o quarto de hóspedes e endireitar a boneca.

– Onde já se viu uma menina do seu tamanho andar com uma boneca em fraldas de camisa e de um olho só? – disse Dona Benta. Foi a própria Emília quem respondeu, falando pela primeira vez desde que chegou ao Sítio:

– Culpa dela, Dona Benta! Narizinho tirou minha saia para vestir o sapo rajado!

Dona Benta chamou Nastácia para ver o fenômeno. Ela não acreditou e disse que era impossível, que só poderia ser Narizinho mangando da avó. Emília respondeu, dirigindo-se pela primeira vez à sua criadora:

– Mangando o seu nariz! – gritou furiosa. – Falo, sim, e hei de falar. Eu não falava porque era muda, mas o doutor Cara de Coruja me deu uma bolinha de barriga de sapo e eu engoli e fiquei falando e hei de falar a vida inteira, sabe?

Narizinho começou a perceber que Emília tinha resposta para tudo e não se atrapalhava nunca. Respondia os maiores absurdos – ou asneiras, como Narizinho dizia –, mas nunca ficava sem respostas. Era teimosa e sempre dizia as coisas do jeito que queria. Além de teimosa, era avarenta, e enterrava o pouco dinheiro que tinha para não gastar nem dar a ninguém. Uma das principais características de sua maneira de ser era confiar muito nos próprios pensamentos, nas ideias que saíam da sua cabeça:

– Eu não acredito em conselhos de amigos, quanto mais de inimigos. Eu, quando me dão algum conselho, fico pensando comigo mesma: "Onde é que está o gato?" Porque há sempre um gato escondido em cada conselho.

Dona Benta arregalou os olhos. Como estava ficando sabida aquela diabinha.

– E em que você acredita, então? – perguntou o Visconde.

– No meu miolo. Não vou em onda nenhuma, nem de inimigo nem de amigo. Cá comigo é ali na batata do cálculo...

Acho que a Emília está certíssima...

Além da esperteza, ela tem ainda muitos talentos! É especialista em pegar pulgas e também tem grande admiração pelas minhocas. Dizia que elas eram as inventoras dos abrigos antiaéreos.

Dona Benta gostava muito da boneca, e todas as noites punha-a no colo para lhe contar histórias. Emília também perguntava demais. Porque não havia no mundo quem gostasse mais de histórias do que a boneca. Vivia pedindo que lhe contassem a história de tudo – do tapete, do cuco, do armário. Quando soube que Pedrinho, o outro neto de Dona Benta, estava para vir passar uns tempos no Sítio, pediu a história de Pedrinho.

– Pedrinho não tem história – respondeu Dona Benta rindo-se. – É um menino de dez anos que nunca saiu de casa de minha filha Antonica e portanto nada fez ainda, nada conhece do mundo. Como há de ter história?

– Essa é boa! – replicou a boneca. – Aquele livro de capa vermelha da sua estante também nunca saiu de casa e no entanto tem mais de dez histórias dentro.

Narizinho também gostava muito de Emília, mas um dia, ao comer jabuticabas, levou uma ferroada de vespa na boca e saiu correndo com tanta dor que esqueceu Emília na árvore. Mais tarde, Tia Nastácia foi buscar a boneca, que estava com muita raiva. Só desamarrou o burro com a promessa de um vestido novo, de chita cor-de-rosa com pintinhas e uma saia bem comprida para não aparecer uma mancha no seu joelho. Por seu interior ser feito de macela, não poderia ser lavada, ou ficaria cheia de bolor. E ela não gostaria de ficar com bolor, pois queria ser condessa.

– Mas condessa de quê? – perguntou Narizinho.

– Quero ser a Condessa de Três Estrelinhas! Acho lindo tudo o que é de Três Estrelinhas – a cidade de ***, o ano de ***, o duque de ***, como está naquele romance que Dona Benta vive lendo.

– Pois muito bem, Emília. Desde este momento fica você nomeada condessa de Três Estrelinhas, e para não haver dúvida vou pintar três estrelinhas na sua testa. Todas as criaturas do mundo vão torcer-se de inveja!...

– Todas menos uma – observou a boneca.

– Quem?

– A vespa que ferrou sua língua.

Neste momento começou a primeira história narrada por Emília: a morte e o enterro da vespa que mordeu a língua de Narizinho, com direito ao discurso chatíssimo de um besourinho do Instituto Histórico.

Outro incidente que aconteceu por causa de uma "reinação" de Narizinho é quando a menina deixou Emília pescando no ribeirão, com um alfinete dobrado em forma de gancho amarrado com uma linha na ponta e uma varinha de dois palmos atada ao braço de

Emília – que estava com uma pedra no colo para não cair na água. Porém, um peixe mordeu a isca – um gafanhotinho – e acabou jogando a boneca dentro da água.

Para enxugar, Narizinho pendurou Emília em um varal e ficou junto a ela esperando secar. Para passar o tempo, ela contou a Narizinho que poderia entender a linguagem das formigas. Narizinho, a princípio, duvidou, mas os relatos de Emília sobre as conversas das formigas estavam de acordo com a movimentação dos insetos. A noite chegou e as duas foram dormir juntas. Desde que Emília aprendeu a falar, deixou de dormir na sua redinha e passou a dormir na cama com Narizinho. A menina quis saber mais detalhes sobre essa capacidade que Emília tinha de entender a língua das formigas:

– Entendo por que sou de pano.

Narizinho deu uma gargalhada.

– Isso não é resposta duma senhora inteligente. O meu vestido também é de pano e não entende coisa nenhuma.

A boneca pensou outra vez:

– Então é porque sou de macela – disse.

Nova risada de Narizinho.

– Também não é resposta. Este travesseiro é de macela e entende as formigas tanto quanto eu.

– Então... então... – engasgou Emília, com o dedinho na testa. – Então não sei.

Era a primeira vez que Emília se embaraçava numa resposta. Primeira e última. Nunca mais houve pergunta que a atrapalhasse.

A conversa foi interrompida quando Rabicó anunciou a chegada de uma criada da Rainha das Formigas trazendo um presente para a Condessa de Três Estrelinhas: croquetes tostadinhos. Emília retribuiu a gentileza enviando uma perna de pernilongo assado, enfeitada com laço de fita e embrulhada em papel de seda. Emília comeu um dos croquetes de minhoca e achou muito gostoso.

Logo depois desse episódio, Pedrinho, o neto de Dona Benta, chegou ao Sítio. Ele trouxe de presente para Emília um serviço de cozinha completo – fogãozinho de lata, panelas e até um rolo de folhear massa de pastel.

Pedrinho e Narizinho logo começaram a arquitetar um plano para fazer Emília subir de posição: de Condessa de Três Estrelinhas a Marquesa de Rabicó. Narizinho planejou tudo com Rabicó enquanto Emília galopava em um cavalinho Pampa. No meio da brincadeira, encontraram o personagem do cinema americano Tom Mix, que pediu ouro em troca da liberdade de Rabicó, Emília e Narizinho. Esta, imediatamente, pediu a tesoura de Tom Mix, desfez a costura da perna de Emília e presenteou o herói com o mais legítimo ouro-macela, deixando a bonequinha de perna seca.

No Reino das Abelhas, o Doutor Caramujo diagnosticou o problema como anemia macelar no pernil barrigoide esquerdo. Por causa desse problema, quando voltaram do passeio no Reino da Abelhas, houve um impasse em relação ao transporte de Emília, que não poderia andar. A solução foi transportá-la em um pote vazio. A boneca não gostou. Fez cara feia e protestou. O meio de sossegá-la foi permitir-lhe seguir na frente do bando para que pudesse "ir vendo as coisas antes dos outros". Estava nascendo nela aquele espírito interesseiro que a tornaria célebre.

Na volta do passeio, uma terrível surpresa: a Dona Carochinha fora ao Sítio e vingara-se como prometido, transformando Dona Benta em uma tartaruga, Tia Nastácia em uma galinha e Pedrinho em um pássaro. Emília e Narizinho choraram muito ao ver a cena e tiveram que suportar a situação por dois dias. Até que Tom Mix conseguiu trazer a velha Carocha para desfazer o malfeito e... Narizinho acordou! Fora só um pesadelo.

Certo dia, Narizinho resolveu levar adiante os seus planos de casar Emília com Rabicó. O noivo era o último de uma irmandade de sete porcos. Todos já haviam virado jantar na mesa do Sítio, mas Rabicó escapou porque desde pequenino brincava com Narizinho. Rabicó era chamado assim porque só tinha um toquinho de cauda.

Narizinho anunciou para Emília que era hora de se casar, ou iria ficar para titia. Comunicou-lhe que, no dia seguinte, um pretendente viria pedir-lhe a mão em casamento. A menina tratou de cuidar da sua boneca, retocando o retrós da sobrancelha, passando na sua face duas rodelas de ruge carmim. A boneca estava gorda e corada, pronta para casar.

Para convencer Emília a casar-se com o porco, Narizinho inventou que ele era príncipe e que uma fada má o havia transformado em porco, e assim ficaria até que achasse um anel mágico escondido na barriga de certa minhoca. Emília ficou pensativa. Ser princesa era seu sonho dourado, e se fosse preciso casar-se com o fogão ou com a lata de lixo, ela o faria sem vacilar um momento.

Para ajustar a mentira, Narizinho inventou que Rabicó era filho de um Visconde de Sabugosa. Emília achou pouco, queria um filho de rei. Narizinho disse que o pai do Rabicó era rei disfarçado de visconde. Emília aceitou, mas disse que só moraria com o marido quando ele virasse príncipe novamente.

Narizinho pediu a Pedrinho que arrumasse um visconde de cartola na cabeça. Pedrinho pegou um sabugo de milho e fez o tal nobre nos moldes que a prima pedira. Pedrinho chegou com o visconde e anunciou sua chegada:

Toc, toc, toc, bateu.

– Quem é? – indagou de dentro a voz da menina.

– É o ilustre senhor Visconde de Sabugosa, que vem fazer uma visita à senhora Condessa de Três Estrelinhas e pedi-la em casamento para seu ilustre filho, o senhor Marquês de Rabicó.

– Esperem um minutinho que eu já abro, respondeu a menina. E voltando-se para a boneca:

– Vê, Emília? Além de príncipe ele ainda é marquês. De modo que se você se casar com ele começa já a ser marquesa e um dia virará princesa. Não pode haver futuro mais bonito para uma coitadinha que nasceu na roça e nem em escola esteve. Você vai ser a Gata Borralheira das bonecas!

Vale a pena comentar o fato de que Emília, apesar de não ter ido para a escola, possui sua própria biblioteca, pronuncia algumas palavras em inglês, sabe escrever e ainda sabe ler números até a casa dos "nonilhões" sem errar.

A linguagem de Emília é tão versátil que permite que ela consiga comunicar-se com plantas, animais e estrangeiros com a mesma facilidade. A língua de Emília é uma mistura de português, castelhano, gírias, expressões inglesas como "All right", "Okay" e "Mind your business" (cuide do seu nariz), tudo misturado com caretas, micagens e gestos de todos os tipos, pinotes, botamentos de língua, espirros e até pontapés. A palavra "atenção", por exemplo, fora substituída por um pontapé na canela.

É como um falso sogro da boneca que o Visconde de Sabugosa entra na história. Ele é um grande parceiro nas aventuras de Emília.

Ao chegar, o futuro sogro de Emília conversa por um tempo com Narizinho, conta sua vida, até que a boneca entra no recinto. Narizinho apresenta a noiva do Marquês listando suas qualidades de boa esposa, dizendo que ela sabe cozinhar, lavar roupas, ler nos livros como uma professora, tocar músicas na vitrola, miar como gato, arrebentar pipocas e ainda tem muito jeito para modista, pois cortou e costurou o vestido que estava usando na ocasião.

Depois de muita conversa, Emília finalmente disse que aceitava se casar com o Marquês de Rabicó. Ficou noiva por uma semana. Todas as tardes, Pedrinho levava o Marquês para visitar a noiva e dizer palavras de amor. Tudo muito malfeito, pois ele não prestava atenção a essas cerimônias. Ficava preocupado em farejar a sala e descobrir alguma coisa para comer. Pedrinho zangou-se e decidiu que iria arranjar um representante de Rabicó para comparecer às visitas. Foi ao quintal e trouxe um vidro vazio de óleo de rícino. Deste dia em diante, o noivo passou a ser representado por um vidro azul de cartola na cabeça. O vidro conversava com Emília sobre o casamento. Ela dizia a ele que só casaria se não saísse do Sítio. O representante tinha também a obrigação de dizer as palavras de amor que todo noivo deve falar. Certo dia, o Vidro Azul recitou o seguinte versinho:

Pirulito que bate, bate
Pirulito que já bateu
Quem adora o Marquês é ela
Quem adora Emília sou eu

Emília logo corrigiu o verso:
– Vou casar-me com ele, mas não adoro coisa nenhuma. Tinha graça eu adorar um leitão?
Chegou finalmente o dia do casamento. Dona Benta deu dinheiro para a compra dos doces. Seis pés de moleque, seis cocadas e uma rapadura. O altar foi arrumado debaixo de uma laranjeira e os convidados foram representados por tijolos e tocos de madeira.
Emília chegou de vestido branco e véu. Rabicó de cartola e faixa de seda ao redor do pescoço. O padre os casou. Narizinho chorou emocionada e deu muitos conselhos a Emília. Enquanto conversavam, Rabicó comeu todos os doces da festa. Narizinho tentou consolar Emília, dizendo que ela tivesse paciência, pois com o tempo o leitão iria criar juízo. Além do mais, ele um dia seria um príncipe. Nesse momento, Pedrinho revelou toda a verdade sobre a mentira de Narizinho, e Emília caiu desmaiada. Emília seria sempre casada, mas separada. No jantar do ano-novo, Nastácia assou um leitão. Emília achou que era o Rabicó e pulou de alegria

por estar viúva e livre. Até cantou "Pirulito que bate, bate", sua música preferida. Mas o leitão não era Rabicó.

Narizinho me contou que ficou muito chateada com a frieza de Emília para com seu marido e disse que iria chamar o Dr. Caramujo para colocar em Emília o que lhe faltava: um coração.

Desde esse episódio, de vez em quando Emília tem uns faniquitos e Narizinho precisa esfregar uma folha de erva-cidreira no nariz da boneca.

Nesse ínterim, Narizinho também ficou noiva – de um peixe, o Príncipe Escamado do Reino das Águas Claras. Durante a prova da roupa para o casamento, na casa da Dona Aranha costureira, Emília ficou encantada com o tecido do vestido de Narizinho, da cor do mar, enfeitado com peixinhos de todas as cores.

Ela também provou o seu vestido. Com ele, foi madrinha de casamento de Narizinho e teve como par um Bernardo Eremita muito elegante. No meio do casamento, notou que Rabicó tinha um siri preso no rabo e desmaiou de vergonha. Foi acordada pelo Dr. Caramujo, que colocou outro siri bem no seu rosto.

O príncipe Escamado e outros seres do Reino das Águas Claras foram ao Sítio visitar Dona Benta. Emília conversou muito com Dona Aranha e disse a ela que gostava muito da cor vermelha. Disse também que se tivesse dinheiro compraria um trem de ferro, pois não há nada de que ela goste mais no mundo do que um trem de ferro.

Emília não chorava. Na despedida da primeira visita do Príncipe Escamado ao Sítio, ela escapou do bolso de Narizinho e apareceu com duas lágrimas de torneira nos olhos de retrós.

Na saída do Sítio, o Príncipe acabou se afogando. Passara tanto tempo fora d'água que desaprendeu a nadar.

Vou contar um segredo que descobri: Monteiro Lobato ouviu um caso real de um peixinho que desaprendeu a nadar e isso foi a inspiração inicial para a escrita de *A menina do narizinho arrebitado*.

Sem dúvida, um dos pontos altos da biografia de Emília foi sua viagem ao céu, acompanhada de Narizinho, Pedrinho, Burro Falante, Tia Nastácia e Visconde, ou melhor, Sr. Livingstone. O antigo Visconde sofreu um acidente e Tia Nastácia fez outro boneco, com um sabugo avermelhado. Este outro falava inglês, era protestante e não tinha os mesmos hábitos de Visconde. Emília não gostava dele:

– Ando me implicando com esse Dr. Livingstone. É sério demais. Não brinca. Não faz o que eu mando. Está mesmo bom para satélite da Lua. Quando voltarmos à Terra, vou pedir à Tia Nastácia para fazer um Visconde igualzinho ao antigo. Aquele é que era o bom – era o "legímaco".

Eles passaram primeiro pela Lua, onde encontraram São Jorge, de quem Emília ficou muito amiga, a ponto de conversar sentada no colo do santo.

Emília falou tanto com São Jorge que Narizinho teve que explicar a ele que a boneca tinha uma "torneirinha de asneiras" dentro da cabeça. Depois foram até Marte. Lá, Emília descobriu que tinha a capacidade de enxergar os marcianos que mais ninguém via. Rapidamente aprendeu a língua dos marcianos e passou a entender tudo o que diziam. Quando percebeu que eles estavam instalando detectores para pegar os intrusos, Emília destruiu o aparelho detector com marteladas.

Um dos momentos dessa viagem de que Emília mais gostou foi o passeio à Via Láctea. Lá ela brincou com estrelinhas em formação, contou histórias do Sítio e fez as estrelinhas dormirem. Também encontrou massa cósmica pura em uma parte do céu e começou a fazer suas próprias "estrelas emilianas", com formato de rosquinhas, e também um montinho de estrelas para levar para o Sítio.

Quando viajaram pelo céu, saltavam de um cometa a outro, pegando caronas. Foi num choque entre dois cometas que Emília encontrou um anjinho da asa quebrada, que batizou de Flor das Alturas. Ela explicou muitas coisas sobre a Terra para o anjinho e deu a ele uma bala puxa-puxa que trouxera no bolso do avental. Durante a visita a Saturno, Emília mudou o nome do Burro Falante para Conselheiro, já que ele era muito prudente em suas colocações. Foi lá que encontraram um saturniano que tinha o poder de ver tudo o que se passava no universo, inclusive no Sítio. Ele avisou que

Dona Benta estava muito triste por não saber onde estavam os seus netos – que viajaram para esse passeio inusitado sem avisar para onde iriam. Diante deste fato, passaram na Lua para pegar Tia Nastácia, que havia ficado por lá fritando bolinhos para São Jorge, e voltaram para casa.

Ao chegarem ao Sítio, encontraram uma equipe de astrônomos tomando satisfações com Dona Benta sobre a confusão que haviam aprontado na viagem ao céu, modificando o curso natural das coisas. Emília quis explicar, mas os astrônomos não acreditaram nas palavras da boneca. Ela não deixou por menos, disse que também não acreditava nas hipóteses dos cientistas e fez com que fossem embora dali. Quanto ao anjinho Flor das Alturas, ele veio para a Terra sob os cuidados de Emília e passou a ser mais um habitante do Sítio do Picapau Amarelo.

Outro episódio emocionante da vida de Emília foi a caçada a uma onça junto com Pedrinho no Capoeirão dos Taquaraçus. Quando Pedrinho contou que iria enfrentar essa aventura, ela recebeu a ideia com palmas:

– Ora graças! – exclamou. – Vamos ter enfim uma aventura importante. A vida aqui no Sítio anda tão vazia que até me sinto embolorada por dentro. Irei, sim, e juro que quem vai matar a onça sou eu...

A arma que Emília escolheu para a caçada foi um espeto de assar frangos, dizendo que tinha mais fé nesse espeto que nas armas dos outros. A caçada fez bater o coração dos caçadores. Menos de Emília, que, como todos sabem, não tinha coração. Durante esse passeio pela mata, Emília fez amizade com dois besouros. Eles acabaram tornando-se espiões e descobriram um plano de ataque ao Sítio do Picapau Amarelo, planejado por animais da floresta. Mas Emília era a mais corajosa boneca que já existiu no mundo e não teve medo.

Os besouros continuavam trazendo informações. A comunicação acontecia da seguinte forma: cada um dos dois besouros dizia uma palavra. Um dizia as palavras pares e o outro as palavras ímpares.

Emília respondia do mesmo jeito: dizia a palavra par a um besouro e a palavra ímpar a outro. Com tanta conversa, tiveram a ideia de preparar granadas de cera do tamanho de laranjas-baianas. Emília estava tão confiante que passou a noite rindo, tendo sonhos cor-de-rosa, sonhando com as tais granadas de cera. Ela foi útil na caçada, pois, além de ter um faro maravilhoso, foram suas ideias que garantiram o sucesso da aventura. Mas Emília não deixou por menos: no momento mais emocionante da caçada, antes de atirar as granadas de cera, ela fez suas exigências:

– Muito bem – disse ela – mas só lançarei as minhas granadas sob três condições.

– Diga depressa!

– Primeiro: que todos reconheçam que sou a mais esperta e inteligente do bando. Segundo: que Dona Benta me dê um regadorzinho do jardim, dos verdes – de outra cor não quero. Terceiro que...

– Socorro! – berrou num tom de cortar a alma a pobre Tia Nastácia.

Então, Emília não esperou a resposta a suas condições. Aproximou-se do telhado, tomou as granadas e – zás! – arremessou-as contra o bando de feras. (...)

Mas a caçada não terminou por aí. Pouco tempo depois do embate com as onças, a turminha do Sítio ficou sabendo que um rinoceronte havia fugido de um circo que chegara ao Rio de Janeiro. Todo o país mobilizou-se para descobrir aonde tinha ido o bicho. Dizem que até o próprio Lampião e seus companheiros pararam de assaltar as cidades para se entregarem ao novo esporte – a caça ao rinoceronte.

O país todo procurava, mas só uma "pessoa" sabia onde estava o rinoceronte: Emília. Quem lhe contara foram os seus informantes, os besouros. O rinoceronte estava muito bem acomodado na mata virgem do Sítio de Dona Benta. A presença do ilustre visitante causou rebuliço na mata, e logo os besouros foram contar a novidade a Emília. Imediatamente, a boneca transformou a informação em lucro e teve a brilhante ideia de "vender" o rinoceronte a Pedrinho, mas ele não acreditou que ela estivesse falando a verdade. Tentou com Tia Nastácia, mas ela nem quis saber. Com Dona Benta, não adiantaria tentar. Muito menos com Visconde, que não tinha dinheiro. Para conseguir a venda, fez sociedade com Cléu – que disse que a boneca estava com cara de dona de rinoceronte. Foram à mata, acharam o bicho e voltaram para comunicar o achado a Dona Benta, que achou por bem enviar um telegrama ao governo alertando para a presença do rinoceronte em suas propriedades.

O governo enviou a equipe do recém-fundado Departamento Nacional de Caça ao Rinoceronte, cujos funcionários trabalhavam pouco e ganhavam muito dinheiro. O comandante era o espertíssimo X B2, que tinha lido todos os fascículos de *Aventuras de Sherlock Holmes* existentes nas livrarias. A captura do animal não era interessante para eles, pois perderiam o emprego. A equipe foi ao Sítio de Dona Benta achando que o telegrama era mais um alarme falso. Mas não era.

Certa manhã, o rinoceronte decidiu descansar a vinte passos de distância da porta da rua. Ficou atravessado, impedindo a passagem.

A equipe chegou ao Sítio, mas Emília logo percebeu que eles estavam blefando e não tinham a intenção de capturar o bicho. Fizeram de tudo para atrasar o serviço, inventando uma série de necessidades, como uma linha telefônica e uma linha de cabos aéreos. Ninguém compreendia a falta de propósito destas providências. Eles faziam coisas "acima do entendimento até da Emília".

Enquanto tudo isso acontecia, Emília ia ficando amiga íntima do rinoceronte. Passava horas ouvindo casos da África, de onde vinha o animal. Ela constatou que ele era de boa paz, já velho, que só queria sossego. Mas Emília teve que contar a verdade e disse que aqueles homens queriam matar o bom rinoceronte. Então ele falou pela primeira vez na narrativa:

– Mas por quê? – indagou em tom magoado. – Que mal fiz eu a essa gente?

Vendo a tristeza de seu novo amigo, Emília prometeu que não ia permitir que a caça acontecesse. Ela estava radiante com a ideia de ver o rinoceronte morando no Sítio e disse-lhe que "com mais um companheiro, e este de formidável chifre na testa, havemos de pintar o sete pelo mundo".

É o que de fato acontecerá nas aventuras seguintes. O rinoceronte é incorporado à turma do Sítio e viaja com eles para o País da Gramática, da Aritmética, para a Grécia, e torna-se amigo de Emília.

A providência da boneca para evitar a captura do animal foi trocar a pólvora das armas por farinha de mandioca e combinar com o rinoceronte de chifrar todos os que não tivessem uma rodela de casca de laranja no peito.

Para isso, colocou uma rodela no peito de cada morador e preparou-se para o plano. O tiro transformou-se em pirão de farinha e Emília comemorou assoviando com os dois dedos na boca.

Mais uma vez os moradores do Sítio rendem-se aos encantos de Emília. Narizinho, que na primeira aventura dissera que a boneca era muito medrosa, mudou de ideia:

– Que danada esta Emília! – dizia Narizinho lá da sua janela, com uma inveja louca de fazer o mesmo. Não tem medo de coisa alguma.

Para terminar a aventura, o dono do rinoceronte, um alemão chamado Fritz Müller, veio, em companhia de seu advogado, buscar o animal de volta para o seu circo. Emília enganou os dois e fez com que cheirassem pó de pirlimpimpim. Os dois sumiram e ninguém nunca mais soube deles. A boneca resolveu mais um caso de aventura do Sítio, e por isso sentiu-se proprietária do rinoceronte.

Em todos os passeios, com toda a turminha montada no animal, sempre era ela quem ia sentada no chifre, na posição de líder. No livro seguinte, *História do mundo para as crianças*, Emília revela a todos o nome que escolheu para batizar o rinoceronte: Quindim.

Essa invencibilidade fazia Emília sentir-se com poder para grandes coisas. Certo dia, depois de ler episódios contados por Dona Benta sobre a história do mundo, disse para Pedrinho:

– Nós precisamos endireitar o mundo, Pedrinho.

– Nós quem, Emília?

– Nós, crianças; nós que temos imaginação. Dos "adultos" nada há a esperar...

– Precisamos admitir: essa bonequinha diz coisas muito bonitas!

No próximo capítulo vou contar para vocês coisas que descobri sobre os estudos e algumas viagens de Emília. Vai ser muito divertido!

DE QUANDO EMÍLIA APRENDE E ENSINA GRAMÁTICA, ARITMÉTICA, HISTÓRIA E GEOGRAFIA

Emília adora viajar!! A quinta viagem que ela fez com os amigos foi ideia da própria boneca. Vendo Dona Benta ensinar Gramática ao Pedrinho, a pequena bonequinha deu a seguinte sugestão:

– Pedrinho – disse ela depois de terminada a lição –, por que, em vez de estarmos aqui a ouvir falar de Gramática, não havemos de ir passear no País da Gramática?

O menino ficou tonto com a proposta.

– Que lembrança, Emília! Esse país não existe, nem nunca existiu. Gramática é um livro.

– Existe, sim. O rinoceronte, que é um sabidão, contou-me que existe. Podemos ir todos montados nele, topa?

Perguntar a Pedrinho se queria meter-se em uma nova aventura era o mesmo que perguntar a macaco se quer banana. Pedrinho aprovou a ideia com palmas e pinotes de alegria, e saiu correndo para convidar Narizinho e o Visconde de Sabugosa. Narizinho também bateu palmas e se não deu pinotes foi porque estava na cozinha, de peneira ao colo, ajudando Tia Nastácia a escolher feijão.

– E onde fica esse país? – perguntou ela.

– Isso é lá com o rinoceronte – respondeu o menino. – Pelo que diz Emília, esse paquiderme é um grandissísimo gramático.

– Com aquele cascão todo?

– É exatamente o cascão gramatical – asneirou Emília, que vinha entrando com o Visconde.

É durante o passeio pelo País da Gramática que Emília anuncia a todos o nome que escolheu para o rinoceronte. Ela já havia falado o nome em público, comentado a decisão com Visconde, mas só nesse momento revelou para o resto da turma:

– Que tantas cidades são aquelas, Quindim?

Todos olharam para a boneca, franzindo a testa. Quindim? Não havia ali ninguém com semelhante nome.

– Quindim – explicou Emília – é o nome que resolvi botar no rinoceronte.

– Mas que relação há entre o nome Quindim, tão mimoso, e um paquiderme cascudo destes? – perguntou o menino, ainda surpreso.

A mesma que há entre a sua pessoa, Pedrinho, e a palavra Pedro, isto é, nenhuma. Nome é nome; não precisa ter relação com o "nomado". Eu sou Emília como poderia ser Teodora, Inácia, Hilda ou Cunegundes. Quindim! Como sempre fui a botadeira de nomes lá do Sítio, resolvi batizar o rinoceronte assim, e pronto!

Na visita ao País da Gramática viu de tudo, todos os tipos de palavra. Fez muitas perguntas, conversou com verbos, pronomes e deu um grande beijo nos adjetivos possessivos, Meu e Minha, dizendo que eles eram seus "amores". O Visconde foi ao Bairro das Palavras Obscenas e voltou envergonhadíssimo. Emília, que era boneca e não achava nada no mundo indecente, assanhou-se logo.

Um dos melhores momentos desta viagem é a visita de Emília ao Verbo Ser. Apresentou-se no palácio em que ele vivia como repórter do *Grito do Picapau Amarelo*, a única atividade profissional que ela vai exercer durante sua "história". Com essa apresentação, ela consegue a entrevista – que nunca será publicada porque a repórter levou um lápis sem ponta e não conseguiu anotar o que Vossa Serência estava dizendo. Emília subiu os degraus do trono, abrindo caminho a cotoveladas por entre a soldadesca atônita, e foi postar-se bem defronte do venerável ancião.

– Fale, Serência, enquanto eu tomo notas – disse ela, e começou a fazer ponta no lápis com os dentes.

O Verbo Ser tossiu o pigarro dos séculos e começou:

– Eu sou o Verbo dos Verbos, porque sou o que faz tudo quanto existe ser. Se você existe, bonequinha, é por minha causa. Se eu não existisse, como poderia você existir ou ser?

– Está claro – disse Emília escrevendo uns garranchos. – Vá falando. – Ser tossiu outro pigarro e continuou:

– Muitos gramáticos me chamam de Verbo Substantivo, como quem diz que eu sou a substância de todos os demais Verbos. E isso é verdade. Sou a substância! Sou o Pai dos Verbos! Sou o Pai de Tudo! Sou o Pai do Mundo! Como poderia o mundo existir ou ser, se não fosse eu? Responda!

– Não tem resposta, Serência. É isso mesmo – disse Emília escrevendo. – Os leitores de *O Grito* vão ficar tontos com a minha reportagem. O diabo é este lápis sem ponta. Não haverá por aí algum canivete, ou faca que não seja de mesa, Serência?

Durante a entrevista, Emília viu passar pela janela o Visconde de Sabugosa de braço dado com uma palavra esquisita: era a palavra PAREDRO, que já fora coroca, mas estava remoçada desde que um deputado e romancista chamado Coelho Neto usou-a em um discurso.

Emília ficou muito amiga do Verbo Ser, passeou com ele pelo País da Gramática e chegou a cogitar um casamento entre ele e Dona Benta.

Mais adiante, Emília conheceu a Dona Etimologia, mas não conseguia acertar a maneira correta de chamar o seu nome: trocava por Dona Timótea, Dona Eulália, Dona Brites... Enquanto ela conversava, a bonequinha cheirava a xícara de chá para saber o que ela estava bebendo, e cochichou com Narizinho: É de cidreira!

A pedido de Emília, Dona Etimologia explicou o significado da palavra boneca:

– BONECA, minha cara, é o feminino de BONECO, palavra que veio do holandês MANNEKEN, homenzinho. Houve mudança do M para o B, duas letras que o povo inculto costuma confundir. A palavra MANNEKEN entrou em Portugal transformada por BANNEKEN, ou BONNEKEN, e foi sendo desfigurada pelo povo até chegar à sua forma de hoje, BONECO. Dessa mesma palavra holandesa nasceu para o português uma outra, MANEQUIM.

Durante essa conversa, Emília disse para Dona Etimologia que ela tinha os seus neologismos. De tudo que Emília ia aprendendo sobre a Gramática, ela tinha uma maneira de aplicar aos fatos de sua vida. Por exemplo, quando escutava a explicação sobre os pronomes mesoclíticos, que vêm no meio do verbo, a boneca associava a uma comida que Tia Nastácia preparava, como os pimentões recheados: os pimentões são os verbos, e a carne que recheia os pimentões são os pronomes mesoclíticos.

Depois, recusou um beijo da Anástrofe, que invertia os termos da frase, com medo de que ela invertesse os termos de sua cara, pondo a boca em cima do nariz. Ainda perguntou se a Senhora Anástrofe não era irmã da Catástrofe. Além disso, ela defendeu o neologismo, libertou o provincianismo da prisão dos vícios e brigou com a ortografia etimológica em favor da ortografia nova, que facilitaria a vida das crianças. Ainda arrancou as letras inúteis da palavra SABBADO, que na época tinha duas letras "B", jogando fora uma delas, e da palavra SCEPTRO, jogando fora o "S" e o "P".

Depois de todas as revoluções ortográficas que Emília realizou nessa viagem, o governo e as academias de letras realizaram a reforma ortográfica. Ainda não era do jeito que ela queria, mas serviu. Foram acrescentados alguns acentos, o que deixou Emília com muita raiva. Dona Benta e Quindim concordaram com a boneca, fizeram uma votação e todos foram contra os acentos.

Logo no final da viagem, Emília descobriu que Visconde estava indo embora levando escondido na boca o Ditongo ÃO. O motivo alegado pelo Visconde para o roubo foi que ele sofria do coração e queria eliminar as palavras que poderiam lhe causar sustos: CÃO, LADRÃO, PÃO, SABÃO, COLCHÃO... Emília mandou que ele devolvesse o Ditongo imediatamente, pois ele não era da Academia para andar mexendo na língua... Pouco tempo depois, estavam em casa.

O Visconde andava inquieto por não ter apresentado ainda nenhum projeto de viagem. Até que teve uma ideia: conhecer o País da Aritmética. Mas, como andava cheio de reumatismos, não tinha condições de viajar. Resolveu trazer a Aritmética até o Sítio. Montou o Circo Sarrazani, arrumou uma arquibancada – que na verdade eram tijolos – para os espectadores e anunciou o início da apresentação. Emília, por ser muito pequena, medindo apenas dois palmos, ficava em pé sobre o tijolo. Dona Benta preferiu sentar-se em sua cadeira de pernas serradas.

Logo com o primeiro desfile, Emília chegou à conclusão de que a Aritmética não passava de uma reinação dos algarismos. A boneca estava sempre cheia de dúvidas, fazendo perguntas e aprendendo rápido. Todos ficaram espantados ao vê-la lendo números até a casa dos nonilhões sem errar. Durante as explicações, o Visconde disse que a utilidade principal dos números era indicar somas em dinheiro, a coisa mais importante para os homens. Emília respondeu que, para ela, dinheiro não tinha importância nenhuma. Ao conhecer Dona Quantia, que chegou para apresentar no circo as formas de contar dinheiro, Emília implicou com essa senhora, usando para ela a expressão que sempre repetia quando estava aborrecida com alguém: fedorenta!

Outra coisa de que ela não gostou foi do sinal de dividir.

– Divisão não é comigo. O que é meu é meu só. Não divido nada com ninguém" –, justificou a boneca, sem nenhum constrangimento. Às vezes Emília exagera, né?

No meio da aula, Emília teve uma ideia: escrever as tabuadas nas árvores do pomar. Só apanharia a fruta quem acertasse toda a tabuada escrita no tronco. Emília ficou com a responsabilidade de escrever a tabuada do 7 e fez isso em um pé de laranja-azeda. Dona Benta ponderou e disse que ela deveria escrever essa tabuada mais difícil em um pé de laranja-lima, que é mais gostosa, ou ninguém teria interesse em aprender a tabuada do 7. Emília obedeceu. Depois de riscarem com pregos todas as árvores do pomar, foi utilizada como quadro-negro a casca do Quindim.

Emília estava indo muito bem nas respostas relacionadas à Aritmética, mas contava com a ajuda de Visconde. Antes de começar a apresentação de determinada parte da Aritmética, o sabugo lhe antecipava o conteúdo e dava uma aula às escondidas. Quando começavam as perguntas, ela levava vantagem e já sabia responder antes dos outros. As explicações sobre divisão, por exemplo, foram feitas por ela, graças à ajuda do Visconde. Mas a farsa durou pouco tempo. A bonequinha só sabia a matéria até certo ponto. Depois, sem saber como prosseguir, inventou uma desculpa para interromper a aula:

— Ai! — Exclamou, levando a mãozinha à bochecha. — Não posso mais de dor de dentes...

Foi uma gargalhada geral. Como podia ter dor de dentes uma criaturinha que não tinha dentes? E para cúmulo o Visconde reapareceu, arrastando a perna reumática, vermelho de indignação.

— Ela quer bobear vocês! — gritou ele vingativamente. — Enquanto estavam jantando, aprendeu depressa esse pedacinho para fazer bonito...

— E fiz mesmo bonito! — exclamou Emília. — Todos ficaram com cada boca deste tamanho diante da minha ciência....

— É, mas e o resto? Se sabe Aritmética tão bem, por que não continua?

— Porque estou com dor de dentes, senhor Sabugo!

— Como, se não tem dentes?

Mas Emília, que não se atrapalhava nunca, respondeu com todo o desplante:

— Estou com uma dor de dentes abstrata, está ouvindo? Isto é coisa que um sabugo embolorado nunca poderá compreender. Vá fomentar o seu reumatismo que é o melhor.

Depois dessa chateação, Emília ficou sabotando a aula de Visconde, pedindo exemplos, bocejando e "asneirando" como ela própria diz. Tia Nastácia trouxe pipocas e "Emília escolheu as mais bonitas, não para comer, pois a coitada não comia, mas para fazer flores. Era de grande habilidade para fazer flores de pipoca".

A boneca reclamou muito, mas não adiantou. A aula só parou quando Dona Benta recebeu pelo correio o livro *O homem que calculava*, de Malba Tahan, um califa árabe que conta apólogos do Oriente e faz muitas piruetas com os números. Todos adoraram o livro! Tanto que o Visconde foi esquecido. Emília disse que "o sabugo que calculava não valia o sabugo da unha de *O homem que calculava*". Propôs um dos problemas de cálculo do livro, mas Visconde não acertou. A turma acabou se dispersando, principalmente com a chegada de um cachorrinho que eles chamaram de Japi.

Nesse momento, Emília foi ao escritório de Visconde e encontrou os originais de um livro: *Aritmética do Visconde*. Ela não pensou duas vezes: cortou o "T" de Aritmética e substituiu o nome de Visconde por Emília. Por isso o nome final do livro ficou: *Aritmética da Emília*.

Depois que Dona Benta concluiu a *História do mundo para as crianças*, o pessoal do Sítio ficou com vontade de aprender mais sobre as coisas do mundo. Surgiu então a curiosidade pela Geografia. Como sempre, Dona Benta dedicou-se a falar de Geografia com a meninada por várias noites.

Dessa vez eles não saíram do Sítio, mas brincaram de imaginar uma volta ao mundo. A ideia dessa viagem imaginária foi da boneca Emília:

– Vamos estudar Geografia de outro jeito – propôs. – Tomamos um navio e saímos pelo mundo afora vendo o que há. Muito mais interessante.

– Mas onde está o navio, boba?

– Um navio faz de conta.

– Acho ótima a lembrança, Emília. – disse Dona Benta. – Eu sigo o comando desse navio. Que nome vai ter?

– O "Terror dos Mares"! – gritou a boneca. – Levamos toda gente da casa, Tia Nastácia, Quindim, o Visconde; todos, menos Rabicó.

Emília tomou conta do leme e ficou sendo a timoneira. A primeira asneira que a boneca disse na viagem foi perguntar por que o carneiro é um ovino se ele não bota ovo. Quindim soltou tudo o que estava fazendo para sentar-se no chão e rir à vontade. Ele achava muita graça em tudo o que ela dizia.

A viagem ficou muito animada no momento em que a boneca timoneira decidiu reconstituir os momentos do descobrimento do Brasil. Como Emília tem espírito de liderança, fez o papel de Pedro Álvares Cabral e escolheu Visconde como seu vice-almirante, com o nome de Gonçalo Coelho. O encontro do Cabralzinho de Pano com os índios merece ser transcrito:

– Quem sois, ó Adões? Que terra é esta? Falai.

Os pobres selvagens olharam um para o outro, murmurando palavras em língua desconhecida de todos a bordo.

– Não falam a nossa língua, os coitados – disse Cabral. – Experimentemos o inglês.

– Who are you?

Emília quis continuar a representação. Quis que se rezasse a primeira missa no Brasil e outras coisas assim. O Capitão, entretanto, que apesar de simples capitão mandava naquele almirante de brincadeira, declarou que estavam estudando Geografia, e não História – e ordenou ao Imediato que tocasse o brigue pra frente.

A viagem prosseguiu, com todos muito atentos às explicações de Dona Benta. Vez por outra, Emília dizia uma de suas asneirinhas. Ao passar pelo Mar das Antilhas, Dona Benta explicou que as ilhas das proximidades eram excelentes produtoras de açúcar.

Emília disse que a região era um "açucareiro" e que Havana, capital de Cuba, era filha do Açúcar, um "pirulito".

Quando chegaram aos Estados Unidos, todo o pessoal do Sítio desceu em Nova York. O primeiro problema foi a insistência de um policial em levar Quindim a um zoológico. Emília esperneou, brigou e acabou resolvendo comprar uma focinheira para ele. Tentou comprar em uma grande loja de departamento, mas não havia esse produto. A boneca reclamou muito e o gerente resolveu o caso reunindo várias focinheiras de cachorro. Emília quis de qualquer maneira ir até a Casa Branca, em Washington, para conhecer o presidente dos Estados Unidos – que arregalou os olhos ao conhecer a turminha.

De lá, foram até Hollywood e conheceram as estrelas de cinema. Uma das estrelas, Joan Crawford, desapontou Emília com uma resposta que lhe deu:

– Por que a senhora tem olhos deste tamanho? – perguntou-lhe a boneca. Pela mesma razão que você tem uma linguinha tão comprida – retrucou a estrela.

Na Groelândia, desceram no pequeno porto Julianshaab. Conheceram então um professor chamado Mr. Jantzen. Foi para ele que Emília anunciou o seu principal projeto literário, o único que ela viria a realizar. Diante do espanto do professor ao conhecer o Visconde, Emília disse:

– E se o senhor conhecesse a minha vida? Então é que ficava mesmo bobo duma vez. Quando eu publicar minhas memórias hei de mandar-lhe um exemplar...

No meio da viagem, aconteceu uma briga entre Emília e Visconde por causa de futebol. Estavam todos terminando de jantar quando o rádio anunciou a derrota do Palmeiras para o Corinthians, em São Paulo.

Foi um berreiro na mesa porque o Visconde era Corinthians e Emília era Palmeiras. Danada com a derrota de seu clube, Emília arrumou com uma colher na cabeça do Visconde, para castigá-lo do risinho de vitória que viu no rosto dele. Dona Benta repreendeu-a, dizendo que uma personagem de sua importância, já conhecida no Brasil inteiro, não ficava bem andar dando espetáculos como aquele.

– Tanto quanto você faz e diz, Emília, é logo espalhado porque aquele tal sujeito vive tomando nota de tudo para botar em livros. Lembre-se.

— Pois eu não mudo — teimou a boneca. — Sou como sou, gostem ou não gostem. E se o Palmeiras perder outra vez e o Visconde der nova risadinha, arrumo-lhe outra colherada nas ventas, e dessa vez com a colher grande, de arroz...

A viagem prosseguiu. Emília gostou muito do Japão e ao sair de lá despediu-se:

— Adeus, Japão amarelo! — berrou Emília no leme. — Pode ficar certo de uma coisa: que o quadro mais bonito que vi na minha frente foram as cerejeiras cobertas de flores no caminho de Tóquio a Quioto. Aquilo até parece um sonho...

Outro ponto da viagem de que Emília gostou foi Macau. Lá encontrou um fã, apesar de ter implicado muito com seu sotaque português. Visitou também a gruta onde Camões escreveu os versos finais de *Os Lusíadas*.

— Vou escrever minhas memórias. O diabo é não termos lá no Sítio nenhuma gruta como esta... — disse a bonequinha.

Na Oceania, deu muitas marteladas (com o martelo que havia levado) e arrancou pedaços das ilhas de corais para seu museu. Ao passar pela Inglaterra, também teve vontade de martelar a Torre de Londres, mas acabou pegando só um cisquinho que estava no chão.

O último momento da viagem foi a visita ao túmulo de Hans Christian Andersen. Narizinho depositou flores, Pedrinho escreveu seu nome, Visconde fez uma cerimoniosa reverência e Emília disse uma de suas asneirinhas. Depois, voltaram para casa, sendo recebidos por Rabicó, como sempre morrendo de fome!

Depois de tanto viajar, Emília só poderia mesmo voltar cheia de ideias. Pois no próximo capítulo vou contar para vocês o lado cientista da Emília. Ela fez coisas sérias e muito importantes para o progresso da humanidade. Pena que os nossos governantes não copiam as ideias dessa bonequinha...

DE QUANDO EMÍLIA AJUDA A ENCONTRAR PETRÓLEO; RECEBE A VISITA DOS PERSONAGENS DAS FÁBULAS; REFORMA A NATUREZA; DIMINUI O MUNDO E SENTA NO COLO DE HÉRCULES

Com a descoberta de um *Tratado de Ciências* entre os livros de Dona Benta, o sábio Visconde aprende muito sobre a terra e suas possibilidades de exploração. Emília diz que Visconde "já entende mais da terra do que tatu". A partir dessas leituras, ele mobiliza a todos do Sítio para a aventura de encontrar petróleo nas propriedades de Dona Benta.

A ajuda de Emília nessa empreitada é fundamental. É por causa dela e do poder de seu faz de conta que são resolvidos problemas como a compra e o transporte de equipamentos em seus aviões-relâmpago, ou aviões emilianos, para a exploração de petróleo. Além disso, quando surgem os problemas, é a bonequinha quem os resolve. Ela chegou a provocar uma chuva de dólares, ou "105.742 pingos dolóricos", sobre o Sítio para prover todo o necessário a essa nova aventura.

Além de Emília, Visconde é fundamental nesse momento histórico do Sítio de Dona Benta, pois ele é o detentor de todo o conhecimento sobre a exploração do petróleo. Emília passa a chamá-lo de Visconde de Sabugosa do Poço Fundo.

A princípio, ao ouvir as explicações de Visconde sobre a composição do petróleo, Emília fica enjoada e diz que o tal óleo não passa de "azeite de defunto". Os serões de Visconde sobre as propriedades da terra deixam Emília tão impressionada que ela chega a sonhar com o assunto. No seu sonho, ela vê uma baleia petrolífera com várias torneiras pelo corpo, uma que dava gasolina, outra querosene, outra óleo combustível, outra óleo lubrificante... mas ninguém acreditou muito no sonho da bonequinha.

A empolgação pelo projeto começou a crescer. Emília, a botadeira de nomes do Sítio, batizou a empreitada de COMPANHIA DONABENTENSE DE PETRÓLEO e o primeiro poço passou a se chamar CARAMINGUÁ Nº 1, em homenagem ao ribeirão que se chama Caraminguá.

A possibilidade do sucesso dessa empresa fez com que todos imaginassem o que fariam com o dinheiro que a Companhia poderia render. Emília disse logo que iria tornar-se uma agiota, emprestando dinheiro a juros de 10% a 12%. Mas Narizinho contestou e disse que escutou uma conversa de Emília com Visconde em que a boneca planejava usar o dinheiro para trazer feras da África para os sertões do Brasil.

Durante as instalações da sonda para exploração do petróleo, um dos peixes que Emília criava em um tanque acabou morrendo entalado na válvula dos equipamentos. A boneca fez o enterro e preparou uma lápide com o seguinte epitáfio:

– Aqui jaz o primeiro mártir do petróleo brasileiro.

É neste livro, *O poço do Visconde*, que é descrito pela primeira vez o que Dona Benta chamou de fenômeno emiliano:

– Emília nascera simples boneca de pano, morta, boba, muda como todas as bonecas. Mas misteriosamente se foi transformando em gentinha. Todos ainda a tratavam de boneca por força do hábito apenas, porque na realidade Emília era gente pura, de carne. Fazia tudo que as gentes fazem – comia com ótimo apetite, bebia, pensava, tinha um coraçãozinho lá dentro e alma e tudo. Como explicar este mistério, esta transformação duma boneca de pano em gente?

O Caraminguá Nº 1 jorrou petróleo pela primeira vez no dia 9 de agosto, com um banho em todos. Emília teve que se esfregar com um caquinho de telha para conseguir livrar-se do óleo.

Os cargos da Companhia Donabentense de Petróleo foram assim divididos: Narizinho, Diretora Comercial; Dona Benta, Diretora Geral; Visconde, Consultor Técnico; Quindim, Encarregado Geral da Defesa e Emília, Diretora dos Transportes, já que era em seus possantes aviões Faz de Conta que chegava ao Sítio todo o necessário para a Companhia. A empresa foi um grande sucesso, mais uma vez, graças à ex-boneca.

Depois da descoberta do petróleo, a novidade maior no Sítio foi a cartinha do Pequeno Polegar, dizendo que todos os habitantes do Mundo da Fábula estavam com muita vontade de se mudar para o Sítio definitivamente. Para receber os novos moradores, Dona Benta teria que aumentar as suas propriedades. Os donos das duas fazendas que ela queria comprar não facilitaram as negociações. Queriam muito dinheiro e faziam de tudo para que Dona Benta aumentasse a proposta. Até que Emília teve uma ideia: foi com Visconde até a venda do Elias, onde os homens estavam bebendo cerveja e dando grandes risadas. A ex-boneca e o Sabugo sentaram em uma mesa atrás dos fazendeiros, pediram bebida e duas cocadas queimadas. Começaram a conversar com ares misteriosos para atrair a atenção dos fazendeiros. Nessa conversa, Emília dizia que Dona Benta havia encomendado 200 rinocerontes africanos, 300 leões, 150 tigres de bengala, "daqueles que só se alimentam de gente". Sem falar nas 100 panteras negras, nos ursos brancos dos Polos, nos lobos da Rússia, nas cobras da Índia.

Emília continuou dizendo que as propriedades ao redor sofreriam muito com isso e que não havia nenhuma lei que proibisse Dona Benta de manter esses animais em sua propriedade. Isso assustou os donos das fazendas. No mesmo dia, aceitaram a proposta de Dona Benta, que logo desconfiou de que Emília tinha feito algo por aquele caso.

Pouco tempo depois começaram a chegar os novos habitantes do Sítio: Pequeno Polegar, Branca de Neve com os Sete Anões, Peter Pan, Gata Borralheira, Dom Quixote, Rocinante, Sancho Pança,

Alice do País das Maravilhas, La Fontaine, Sr. Esopo e todos os personagens dos contos de Andersen e Grimm.

O personagem que Emília mais gostou de ver foi Dom Quixote. Ela o achava "magramente belo" e dizia que gostava dele porque "adorava os loucos". Além dos personagens, alguns leitores das histórias do Sítio também mudaram-se para lá. Dona Benta nunca deixou que os meninos dessem o seu endereço a ninguém, e isso porque milhares de crianças andavam ansiosas por passar temporadas lá – e se soubessem onde o Sítio era, seriam capazes de abandonar tudo pelo gosto de conhecer Emília e experimentar os bolinhos de Tia Nastácia. Mas quem pode com certas crianças mais espertas que as outras?

Conversando sobre a próxima viagem de aventuras, Emília sugeriu que o livro seguinte fosse *Viagem do Sítio pelo oceano da imaginação grega*. Dona Benta contestou, disse que os títulos dos livros precisam ser mais curtos, como *Ilíada*, *Os Lusíadas*, *A Odisseia*, *Eneida*... Emília rapidamente decide-se: o livro deverá chamar-se *Emileida*.

Como o Capitão Gancho trouxe o seu Mar dos Piratas, os habitantes do Sítio embarcaram em uma excursão a bordo do navio *Beija-flor dos mares*. Durante o passeio, acabaram perdendo Tia Nastácia e seguiram em mais uma aventura para resgatá-la.

Todos choravam muito com saudades de Tia Nastácia, menos Emília, que não era de choro. Enquanto imaginavam onde estaria Tia Nastácia, Emília desenvolvia suas teses:

– Para mim o Minotauro a devorou. As cozinheiras devem ter o corpo bem temperado de tanto que lidam com sal, alho, vinagre, cebolas. Eu, se fosse antropófaga, só comia cozinheiras.

Para resgatar tia Nastácia, todos viajaram para a Grécia. No caminho, Dona Benta deu algumas explicações sobre a história grega, comparando a vida na Grécia com a vida no Sítio:

— A Grécia, meus filhos, foi o Sítio do Picapau Amarelo da Antiguidade, foi a terra da imaginação às soltas, por isso floresceu como um pé de ipê. A arquitetura e a escultura chegaram a um ponto que até hoje nos espanta. O pensamento enriqueceu-se das mais belas ideias que o mundo conhece – e deu flores raríssimas como a sabedoria de Sócrates e Platão.

A ex-boneca sente-se muito bem na Grécia e, logo na chegada, elogia as vestimentas dos gregos, criticando as roupas dos homens modernos, cheias de bolsos para carregar coisas:

— Os homens modernos são verdadeiras bestas de carga. Já aqui, nada disso. Estes gregos não carregam nada, só trazem para a rua a sua beleza, o seu sossego e a sua serenidade, coisas que não precisam de bolsos. Agora é que estou compreendendo como é grotesco o vestuário moderno...

Esta crítica de Emília ao hábito de carregar muitas coisas é meio estranha. Primeiro porque ela usava o bolso de sua roupa para guardar pedaços de mármores gregos e também pelo fato de que ela andava sempre com uma maleta, sua canastrinha, para amontoar coisas para seu museu. A canastrinha é dela, mas quem a carrega é o Visconde, que recebe e cumpre as ordens da ex-boneca sem constestar.

Durante a viagem à Grécia, ela levou na canastrinha um copo e um pires para provar o néctar e a ambrosia do Olimpo. Provou os dois e achou que o néctar tinha gosto de um mel especial e a ambrosia era na verdade um curau de milho verde. Durante as conversas com os gregos, Emília perdia um pouco a paciência com a dificuldade que eles apresentavam para compreender o mundo do Sítio. Para um pastorzinho grego, Emília disse:

— Não somos criaturas iguais às comuns. Somos do Picapau Amarelo, entende?

Graças à astúcia de Emília, que decifra enigmas e tem coragem para enfrentar os desafios da Grécia, Tia Nastácia finalmente foi encontrada. No meio da aventura, Emília ainda teve tempo de ir ao Teatro de Atenas – guardou o ingresso para fazer parte do acervo do seu museu.

Depois disso, Emília andava muito descontente com a natureza desde que ouvira Dona Benta contar a fábula de Américo Pisca-Pisca, um sujeito que sonhava em reformar a ordem das coisas – achava que frutas pequenas tinham que estar em árvores pequenas e vice-versa, entre outras coisas. Depois de escutar essa fábula, a ex-boneca ficou esperando o momento adequado para agir.

– Sempre achei a natureza errada – disse ela –, e depois de ouvir a história do Américo Pisca Pisca, acho-a mais errada ainda. Pois não é um erro fazer um sujeito piscar-piscar? Para que tanto "pisco"? Tudo que é demais está errado. E quanto mais eu "estudo a natureza", mais vejo erros. Por que dois chifres na frente das vacas e nenhum atrás? Os inimigos atacam mais por trás do que pela frente. E é tudo assim. Erradíssimo. Eu, se fosse reformar o mundo, deixava tudo um encanto e começava reformando essa fábula e esse Américo Pisca-Pisca.

No final da Segunda Guerra Mundial, os ditadores, reis e presidentes reuniram-se para decidir o que fazer pela paz no mundo. Até que chegaram à conclusão de que apenas duas pessoas tinham condições de sugerir estratégias para que os países pudessem viver em paz: Dona Benta e Tia Nastácia. As duas então viajaram, com Visconde, Pedrinho e Narizinho, para representar a Humanidade e o Bom Senso na Conferência da Paz de 1945.

Emília inventou uma desculpa, ficou no Sítio sozinha e chamou sua amiga Rã, uma leitora que ela conhecia apenas por carta, para que realizasse as reformas com ela. Emília disse para a Rã:

– Adoro você porque você não concorda.

A Rã também adorava Emília. Sentiu-se muito honrada em poder ficar aqueles dias com ela e "pensou" sobre isso:

– Que pena as crianças do mundo não poderem ver o que estou vendo. Emília dorme como um anjo. Quem sabe se Emília não é de fato um anjo do céu que anda pelo mundo disfarçado de gentinha? (...) Ah! Quando as outras souberem! Quando souberem que eu estive aqui falando com ELA, brincando com ELA, deitada na caminha DELA, vendo-a dormir e sorrir... Algum lindo sonho deve estar andando pela cabeça de Emília, a avaliar pelo sorriso de enlevo que animava o seu rostinho.

Longo tempo ficou a Rã a admirar aquela prodigiosa criaturinha que nasceu boneca de pano das mais ordinárias e foi evoluindo até tornar-se o que já era. E um pensamento lhe acudiu: "E se ela continua a evoluir e vira anjo de verdade, dos de asas, e foge para o céu? Ou se vira fada, como aquela fada sininho do Peter Pan?"

Nesse encontro de Emília com a Rã, a boneca já virou gente de verdade e é descrita pela amiga como moreninha de cabelo castanho.

Os projetos da reforma realizada por Emília e sua amiga Rã foram muitos: colocar torneiras na vaca Mocha; projetar uma leiteira que apita e apaga o fogo quando o leite ferve; fazer com que as laranjas não tenham casca; retirar as asas das moscas; criar percevejos perfumados e livros comestíveis.

Depois de alguns dias, Dona Benta e os demais moradores voltaram para o Sítio e Emília teve que desfazer suas reformas. A sua amiga Rã voltou para casa. Mas o sossego durou pouco, pois logo em seguida Visconde e Emília resolveram fazer experiências com glândulas e produziram insetos mutantes, assustadores, causando grande espanto em todos os que chegaram perto de tais bichos.

As aventuras da dupla Visconde e Emília não pararam por aí. A partir da leitura do jornal, com as notícias tristes da Segunda Guerra, Emília decidiu que precisava tomar alguma providência, precisava desligar a "chave da guerra".

Com o pó de pirlimpimpim, conseguiu chegar até a casa das chaves. Por engano, alterou a "chave do tamanho". Isso significa que, em vez de acabar com as guerras, acabou fazendo com que todos os seres humanos ficassem miniaturizados. Ela, que já era gente, sofreu a mesma alteração e precisou lidar com os inconvenientes de ser tão pequena. Visconde, que ainda era essencialmente um sabugo, não alterou o seu tamanho e acabou ficando responsável, junto com Emília, pela salvação da humanidade.

Mesmo diminuída, Emília conseguiu encontrar Visconde e juntos tentaram resolver os problemas do mundo – agora habitado por miniaturas que poderiam ser mortas por um pequeno inseto. Para salvar a humanidade, ela passou a morar literalmente na cabeça do Visconde, e seu chapéu transforma-se no "Sítio da Emília".

A espécie humana ficou totalmente dependente de Emília, a única criatura que sabia onde encontrar a "chave do tamanho". Visconde disse que "Emília é filósofa e quando se põe a filosofar parece que tem coração duro, mas não tem. Emília é filosoficamente boa". A união do sabugo com a ex-boneca acabou resolvendo todos os problemas e trazendo a humanidade ao tamanho normal. O vexame foi constatar que todos, ao voltarem ao tamanho normal, estavam totalmente sem roupas.

Emília escapou por pouco em muitas de suas reinações: seja quando ficou sufocada sob uma jaca, quando resolveu fazer uma experiência atômica e ficou sem cabelos e ainda quando resolveu trazer para o Sítio seis ninfas do Reino da Deusa Flora.

A última grande aventura de Emília foi ajudar Hércules a realizar os seus Doze Trabalhos. Era a ex-boneca quem estava ao lado do herói em todos os momentos de batalha. O próprio Hércules reconheceu que não venceria sem Emília.

Nessa segunda viagem à Grécia aconteceram duas coisas muito importantes na vida de Emília: ela ficou muda, por ter falado mal da deusa Juno, e chorou pela primeira vez, comovida com o carinho de Hércules.

Durante os Doze Trabalhos de Hércules, a amizade de Emília com Hércules foi tanta que a ex-boneca passou a chamá-lo de "Lelé", e o herói retribuía chamando Emília de "dadeira de ideias".

Bom, aqui termina o que descobri sobre os principais acontecimentos da vida de Emília. Ufa! Ela fez coisas maravilhosas! Acho que todo mundo quer ser um pouquinho como ela. E acho também que precisamos aprender a pensar como Emília às vezes, sabe?

No próximo capítulo vem a parte da qual Emília não vai gostar nem um pouco. Entrevistei algumas pessoas e perguntei o que achavam dela. Dona Benta, Visconde, Narizinho, Pedrinho... até o filósofo Bernard Shaw deu sua opinião!

E você, o que acha da Emília?

5.

O QUE O PESSOAL DO SÍTIO PENSA SOBRE EMÍLIA

Vamos começar com a Dona Benta. A doce senhora mencionou certa vez que "nunca houve no mundo uma boneca mais viva, mais esperta, mais inteligente". Disse também que "Emília é alguma fadinha que anda pelo mundo disfarçada em boneca de pano".

Narizinho também gosta muito de Emília, torce por sua felicidade, arranjou o casamento para ela pensando no seu bem e nem queria que Emília tivesse filhos, pois é sua companheira de viagens e passeios. Se tivesse filhos, teria de ficar em casa, dar de mamar às crianças, lavar fraldinhas, e adeus passeios. No dia do casamento de Emília, a menina ficou emocionada e chorou muito.

Mas, de vez em quando, Narizinho fica irritada com as "asneiras" de Emília e, nessas horas, coloca a boneca de cabeça para baixo no bolso do vestido. Dentro da trama, Narizinho funciona como uma espécie de censura para Emília. Ela diz o que é certo e o que é errado. Já afirmou que Emília não sabe mentir, pois ainda não é acostumada a viver em sociedade. Disse também que Emília era uma pulguinha humana que se julgava engraçadíssima.

Preocupa-se com que os outros vão falar ao ver Emília, uma senhora casada, andando sem a companhia do marido. Narizinho é tradicional e tenta ajustar Emília aos mesmos moldes. Mas, definitivamente, não consegue.

Narizinho definiu Emília assim:

– Ela não é de fogo, nem de ferro, nem de crina de cavalo, nem de leite de vaca, nem de lã de carneiro. É pura e simplesmente de algodão por fora e asneira por dentro.

Em outro momento, disse que "Emília é uma obra-prima de bobagens".

Durante uma das "asneirices" de Emília durante as aulas de Aritmética, Narizinho comentou com Dona Benta o que achava sobre o comportamento de Emília:

– Emília está assim por causa da ganja que lhe dão. No Brasil inteiro as meninas que leem estas histórias só querem saber dela, e Emília não ignora isso. É ganja demais.

Dona Benta diz que Emília tem às vezes excelentes agudezas, mas, diante da teimosia de Emília em dizer "fazedores" em vez de "fatores" quando estava aprendendo os termos da multiplicação, Dona Benta fez o seguinte comentário:

– Que lástima! – murmurou Dona Benta.

E Emília, que já era uma personagem célebre no mundo inteiro e está se tornando uma sabiazinha, de vez em quando se esquece das conveniências e fica uma verdadeira praga...

Emília foi também comparada por Dona Benta à personagem Ariel, do livro *A tempestade*, de William Shakespeare:

– Que é Emília, senão uma Arielzinha? O faz de conta de Emília vale por todas as varas de condão.

Dona Benta às vezes funciona como porta-voz das críticas que são feitas à boneca Emília. Durante as conversas no livro *O poço do Visconde*, Dona Benta faz a seguinte repreensão:

– Emília, as professoras e os pedagogos vivem condenando esse seu modo de falar, que tanto estraga os livros do Lobato. Já por vezes tenho pedido a você que seja mais educada na linguagem.

Ao que Emília respondeu:

– Dona Benta, a senhora me perdoe, mas quem torto nasce tarde ou nunca se endireita. Nasci torta. Sou uma besteirinha da natureza. E, portanto, ou falo como quero ou calo-me. Isso de falar como as professoras mandam, que fique para Narizinho. Pão para mim é pão; besteira é besteira – nem que venha da Inglaterra ou dos Estados Unidos. Cá comigo é ali na batata.

Em outro momento do livro, Dona Benta compreende Emília e defende a boneca em suas asneiras.

– Você não parece gente, Emília. Você já é na verdade uma gentinha e das boas. Acho injustiça viverem a chamar você de asneirenta. Você não diz asneiras, não. Asneira são essas acusações contra a máquina. Você é o que é, muito independente de ideias, muito corajosa. Diz sempre o que pensa, sem escolher ocasião ou palavras. Se certas pessoas condenam esse modo de falar sem papas na língua, achando-o "impróprio", é porque elas não passam de "bichos ensinados". Como lhes ensinaram que isto ou aquilo não se deve dizer, aceitam o mandamento como coisa infalível e passam a vida a respeitar o que lhes ensinaram, sem nunca examinarem por si mesmas se o tal ensino tem ou não tem razão. Com você dá-se o contrário. Você é rebelde a tais imposições. Com essa cabecinha sua, você vai pensando com uma liberdade que espanta a gente.

De todas os moradores do Sítio, Visconde foi quem fez uma análise mais completa de Emília. Primeiro, por ser um cientista. Examinou os pertences de Emília, sua forma de se comportar e de tratar os outros, seu defeitos e manias. Segundo, porque ele era o seu "biógrafo", sendo inclusive contratado pela boneca para escrever suas memórias. Mas, ao se ver explorado por ela, resolveu desabafar:

– Emília é uma tirana sem coração. Não tem dó de nada. Quando Tia Nastácia vai matar um frango, todos correm de perto e tapam os ouvidos. Emília, não. Emília vai assistir. Dá opiniões, acha que o frango não ficou bem-matado, manda que Tia Nastácia o mate novamente, e outras coisas assim. Também é a criatura mais interesseira do mundo. Tudo quanto faz tem uma razão egoística. Só pensa em si, na vidinha dela, nos brinquedinhos dela. Por isso mesmo está ficando a pessoa mais rica da casa. Eu, por exemplo, só possuo um objeto, a minha cartola. Jamais consegui ser proprietário de outra coisa, porque se arranjo qualquer coisa Emília encontra jeito de me tomar. (...) Ela, entretanto, possui um colosso de coisas. O quartinho de Emília está cheio, mais ainda que este quarto de badulaques. É dona de grande número de pernas e braços e cabeças de bonecas, das que Narizinho quebrou. Tem uma coleção de panelinhas de barro, e outra de caquinhos coloridos de louça. Uma vez quebrou de propósito uma linda xícara verde de Dona Benta só para completar a sua coleção de caquinhos, porque estava faltando um caquinho verde.

Tem besouros secos, um morcego seco, flores secas, borboletas secas e até um camarão seco. Tem coleção de fios de cabelo, que ela enrola um por um como cordinhas. Cabelos de Dona Benta, de Narizinho, de Pedrinho, do Capitão Gancho, do Popeye. Na sua coleção, diz ela, só falta uma coisa: fio de cabelo de um homem totalmente careca. E tem mais coisas. Tem uma coleção de selos, todos cortados. Emília recorta as cabecinhas e mais figurinhas dos selos e prega-as num álbum. Não há o que não haja naquele quarto. Durante uns tempos andou com mania de colecionar verrugas, das que têm um fio de cabelo plantado no meio. (...) Emília é uma criaturinha incompreensível. Faz coisas de louca, e também faz coisas que até espantam a gente, de tão sensatas. Diz asneiras enormes, e também coisas sábias que Dona Benta fica a pensar. Tem saída para tudo. Não se aperta, não se atrapalha. E em matéria de esperteza, não existe outra no mundo. Parece que adivinha, vê através dos corpos. Um dia, em que muito me impressionei com qualquer coisa que ela disse, propus-lhe esta pergunta:

– Mas afinal de contas, Emília, que é que você é?

Emília levantou para o ar aquele implicante Narizinho de retrós e respondeu:

– Eu sou a Independência ou Morte!

Fiquei pensativo. Na realidade, Emília é o que é isso: uma independenciazinha de pano – independente até no tratar as pessoas pelo nome que quer e não pelo nome que as pessoas têm. Para ela eu sou o Milho; o Almirante é o Bife. Aqui no Sítio quem manda é ela. Por mais que os meninos façam, no fim quem consegue o que quer é a Emília com os seus famosos jeitinhos.

O QUE LOBATO DISSE SOBRE EMÍLIA

Monteiro Lobato deixou registrado, nas cartas escritas depois dos anos 1920, quando criou a boneca Emília, algumas opiniões e pensamentos sobre a bonequinha que ele inventou. Em uma carta do dia 28 de março de 1943, Lobato comentou:

Quando, ao escrever a história de Narizinho, lá naquele escritório da rua Boa Vista, me caiu do bico da pena uma boneca de pano muito feia e muda, bem longe estava eu de supor que iria ser o germe da encantadora Rainha Mabe do meu outono.

Lobato estava fazendo referência à personagem Rainha Mabe, que surge em Romeu e Julieta, de William Shakespeare. Segundo a descrição de Monteiro Lobato, na história, Rainha Mabe:

> É a pequenina fada dos sonhos. Tem o tamanho duma água-marinha e numa pequeníssima carruagem costuma passear pelo nariz dos que dormem bons sonos. (...) Todas as noites galopa com sua carruagenzinha pela cabeça dos namorados, desabrochando os mais lindos sonhos de amor. Se corre pela perna de um político que está cochilando numa preguiçosa, o homem sonha a vice-presidência da República ou o lugar de primeiro-ministro. Se corre por cima dos dedos de um advogado, ele sonha com fabulosas remunerações de causas ganhas.

A comparação de Emília com a Rainha Mabe confere à pequena boneca o grande poder de estimular os sonhos e cultivar os próprios desejos.

Em outra carta, com a data de 1º de fevereiro de 1943, Lobato comenta com Godofredo Rangel a evolução de sua obra infantil:

> Muito interessante o que se passou com meus livros para crianças. Os personagens foram nascendo ao sabor do acaso e sem intenções. Emília começou como uma feia boneca de pano, dessas que nas quitandas do interior custavam 200 réis. Mas rapidamente evoluiu, e evoluiu cabritamente – cabritinho novo – aos pinotes. Teoria biológica das mutações. E foi adquirindo uma tal independência que, não sei em qual livro, quando lhe perguntam: "Mas que você é, afinal de contas, Emília?" ela respondeu de queixinho empinado: "Eu sou a Independência ou Morte!". E é. Tão independente que nem eu, seu pai, consigo dominá-la. Quando escrevo um desses livros, ela me entra nos dois dedos que batem as teclas e diz o que quer, não

o que eu quero. Cada vez mais Emília é o que quer ser, e não o que eu quero que ela seja. Fez de mim um "aparelho", como se diz em linguagem espírita.

Na mesma carta, Lobato adianta para o amigo Godofredo Rangel os seus planos para um novo livro, atribuindo o desejo de escrita às vontades de Emília:

A última da pestinha está me dando dor de cabeça. Imagine que encasquetou de conhecer a história da América "autocontadamente". A história completa da América, desde o tempo em que isto foi um pedaço da Atlântida até agora. (...) Até aí, muito bem... Qualquer criança quer saber isso e pergunta ao pai ou ao professor. Mas Emília, que agora está "estratosférica", não acredita em pai ou professor, que pertencem ao gênero *Homo Sapiens* e ela sorri da sapiência do homem. Quer ouvir a história da América sabe da boca de quem? Do Aconcágua, Rangel! E isso, diz ela, porque só um Aconcágua pode ter a necessária isenção de ânimo para contar a coisa como realmente foi, sem falseações patrióticas, nacionalísticas, raciais ou humanas....

Na leitura das cartas, é interessante notar como Lobato fala de Emília conferindo-lhe vida própria, vontade própria. É quase como se ela realmente existisse. Por vezes ele chega a comparar-se com ela, quando diz "que pedantismo meu! Emília pura!".

Muitas pessoas dizem que Emília é muito parecida com seu pai, Monteiro Lobato. Eu acho que sim. Infelizmente não pude entrevistá-lo, mas acho mesmo que os dois são geniais! Gênios que fazem falta no Brasil de hoje.

O QUE EMÍLIA ACHA DELA MESMA – MEMÓRIAS DE PANO E LINHA

Emília sempre teve vontade de escrever sobre ela mesma. Quando visitou Macau com a turma do Sítio, disse que gostaria de ter uma gruta como a que Camões habitou para poder escrever suas memórias. E escreveu.

Pelo título, *Memórias da Emília*, esperamos que Emília tenha decidido escrever suas memórias e contar, sem mentiras, tudo o que houve em sua vida, depois de todas as aventuras vividas nos livros anteriores. Mas não é bem isso que ocorre.

Emília contratou Visconde para escrever suas memórias, ela falando e ele escrevendo. Pouco tempo depois, a boneca cansou do ofício e delegou total responsabilidade do texto a Visconde, o seu ghost-writer, que passou a narrar as aventuras do anjinho Flor das Alturas, trazido por Emília como souvenir de sua viagem ao céu.

A boneca deixou Visconde trabalhando no texto e saiu para brincar com Quindim, o rinoceronte. Vez por outra voltava para supervisionar o trabalho. Em um desses momentos, encontrou Visconde dizendo verdades a seu respeito e resolveu tomar a pena para escrever do seu modo.

É por isso que estou com medo de que ela não goste desta biografia aqui! Mas vamos seguir contando o que aconteceu.

Quando Emília começou a escrever sozinha, passou a contar o que não houve, imaginando uma viagem a Hollywood, acompanhada de Visconde e do anjinho Flor das Alturas. Nessa viagem, Emília encontraria a atriz infantil Shirley Temple, sucesso na década de 1930. Juntas, encenariam a história de Dom Quixote, de Miguel de Cervantes.

Instantes depois, Emília cansou de escrever e chamou Visconde para retomar a pena. O ghost-writer mais uma vez contou verdades sobre Emília, que o expulsou do trabalho e voltou a escrever.

No último capítulo, "Últimas impressões de Emília. Suas ideias sobre pessoas e coisas do Sítio de Dona Benta", Emília fala a verdade, emite opiniões sérias e defende-se das acusações de que não tem coração.

– Dizem todos que não tenho coração. É falso. Tenho sim, um lindo coração, só que não é de banana. Coisinhas à toa não me impressionam; mas ele dói quando vê uma injustiça. Dói tanto que estou convencida de que o maior mal deste mundo é a injustiça.

Sobre a sua importância para o mundo, um dia, Dona Benta comentou sem modéstia:

– Sabemos o que veio vindo desde o começo do mundo até nós. Mas quem poderá prever o que virá depois de nós?

– Eu prevejo! – gritou Emília lá do seu cantinho. – Depois dos homens virão as bonecas. Eu já sou uma amostra do que está por vir.

Logo que Emília procurou Visconde para falar de seu desejo de escrever memórias, o sabugo achou precoce a iniciativa da boneca:

– Memórias! Pois então uma criaturinha que viveu tão pouco já tem coisas para contar num livro de memórias? Isso é para gente velha, já perto do fim da vida.

Antes de começar o trabalho propriamente dito, Emília discutiu com Dona Benta algumas coisas importantes para a escrita de suas memórias. Um dos pontos discutidos foi a verdade dos fatos:

– Verdade pura! Nada mais difícil do que a verdade, Emília!

– Bem sei – disse a boneca. – Bem sei que tudo na vida não passa de mentiras, e sei também que é nas memórias que os homens mentem mais. Quem escreve memórias arruma as coisas de um jeito que o leitor fique fazendo uma alta ideia do escrevedor. Mas para isso ele não pode dizer a verdade, porque senão o leitor fica vendo que era um homem igual aos outros. Logo, tem de mentir com muita manha, para dar ideia de que está falando a verdade pura.

Emília prometeu que diria a verdade, mas depois, pressionada por Dona Benta, assumiu que isso não era possível. Emília fez um pacto às avessas, já demonstrando não estar preocupada com a sinceridade do seu texto.

Em outro momento, quando estava escrevendo a sua viagem fictícia para Hollywood, Emília foi interrompida por Dona Benta:

– Emília! – exclamou Dona Benta. – Você quer nos tapear. Em memórias a gente só conta a verdade, o que houve, o que se passou. Você nunca esteve em Hollywood, nem conhece a Shirley. Como então se põe a inventar tudo isso?

– Minhas "memórias" – explicou Emília – são diferentes de todas as outras. Eu conto o que houve e o que deveria haver...

– Então é romance, é fantasia...

– São memórias fantásticas...

Emília não está preocupada em falar verdades, e sim em dizer as suas verdades. Uma vez Lobato "prometeu" escrever a vida de Emília, mas não o fez; resta a pergunta sobre o lugar deste livro na obra do escritor.

– Bom. Vou acabar com estas Memórias. Já contei tudo quanto sabia; já disse várias asneiras, já dei minhas opiniões filosóficas sobre o mundo e minhas opiniões sobre o pessoal aqui de casa. Resta agora despedir-me do respeitável público. Respeitável público, até logo. Disse que escreveria minhas memórias e escrevi. Se gostaram delas, muito bem. Se não gostaram, pílulas! Tenho dito. Emília, Marquesa de Rabicó.

SÍTIO DO PICAPAU AMARELO, 10 DE AGOSTO DE 1936.

AS VÁRIAS FACES DE EMÍLIA

6.

Monteiro Lobato lançou o último livro das aventuras de Emília em 1944 e morreu em 1948. Talvez ele não imaginasse que a sua boneca preferida ganharia vida e estaria na casa de milhares de crianças pouco tempo depois.

Quando ainda era somente palavra e desenho, muitos artistas fizeram ilustrações para representá-la. O primeiro de todos foi Voltolino, na primeira edição de *A menina do narizinho arrebitado*.

Depois desse ilustrador, vieram Belmonte, Kurt Wiesel, J. G. Villin, Marguerita Bornstein, Paulo Ernesto Neti, Manoel Victor, Odiléia Helena Setti Toscano, Rafael de Lamo, Eugênio Hirsch, Maria del Carmem Hidalgo, André Le Blanc, Rodolpho, entre outros. Para cada um, Emília tinha rosto e corpo diferentes. Era a imaginação dos artistas recriando a personagem. Até a própria bonequinha comentou esse fato com muita graça:

– Se tudo na vida muda, por que as palavras não haveriam de mudar? Até eu mudo. Quantas vezes não mudei esta carinha que a senhora está vendo? (...) ou antes, eles mudam a minha cara. (...) Estes diabos que desenham a minha figura nos livros. Cada qual me faz de um jeito, e houve um tal que me fez tão feia que piquei o livro em mil pedacinhos.

Emília tem consciência de que é representada por ilustrações e demonstra com essa declaração que tem acesso aos livros que contam a história do Sítio, publicados por Lobato. É uma personagem tão viva que fala até de seu próprio desenho. Existem ainda as ilustrações para as edições estrangeiras. Em geral, essas representações são diferentes das descrições feitas pelo autor sobre a vestimenta e o aspecto físico da boneca.

TEATRO, CINEMA E TELEVISÃO

A primeira adaptação do Sítio para o teatro aconteceu no Teatro Guarani, em Salvador, Bahia. Lobato viajou para conferir pessoalmente a estreia e, na volta, ocupou-se em reescrever o livreto do espetáculo – um dos seus últimos trabalhos.

A história do Sítio também foi para o cinema. O primeiro filme inspirado no Sítio do Picapau Amarelo foi *O Saci*, de 1951, dirigido por Rodolfo Nanni e Nelson Pereira dos Santos. Emília era representanda pela atriz Olga Maria.

No ano seguinte, o programa Teatro Escola de São Paulo (Tesp), um teleteatro digirido ao público infantil, criado em 1948 por Júlio Gouveia e Tatiana Belinky, levou ao ar a primeira adaptação do Sítio para a televisão, ao vivo, pela TV Tupi. A primeira história exibida foi "A pílula falante", centrada em Emília.

Depois do sucesso dessa adaptação, a TV Tupi de São Paulo exibiu a primeira série de televisão do Sítio do Picapau Amarelo. O programa estreou no dia 3 de junho de 1952 e era apresentado às quintas-feiras, às 19h30, com a reprise do episódio "A pílula falante". A série ficou no ar por onze anos.

Ao mesmo tempo, a TV Tupi do Rio de Janeiro exibiu outra versão da série por dois meses. Emília era interpretada pela atriz Lúcia Lambertini, a primeira Emília da TV. Depois, foi substituída por Dulce Margarida. O sucesso atraiu patrocinadores, e este foi o primeiro programa com merchandising da televisão brasileira, divulgando produtos como Biotônico Fontoura, Complexo Puritas e Kibon. Não havia intervalos, a propaganda era feita durante a encenação, quando os atores consumiam os produtos. A fábrica do Complexo Puritas suspendeu o patrocínio por não dar conta da demanda, tamanho o sucesso da propaganda dentro da série.

Cada episódio tinha duração de 45 minutos. Começava com Julio Gouveia abrindo um livro, fazendo uma alusão direta aos livros de Lobato. A série acabou em 1962, após 360 episódios. Os episódios foram reprisados em 1963. Em 1964, Lúcia Lambertini, atriz que interpretou Emília na série da TV Tupi, produziu uma nova série na TV Cultura. Foi exibida por seis meses, em 1964, mas não alcançou o mesmo sucesso.

Quatro anos depois, em 1968, a série foi transmitida pela TV Bandeirantes. A estreia aconteceu no dia 12 de dezembro de 1967, às 17h, novamente sob o comando de Júlio Gouveia e Tatiana Belinky. O cenário era bem melhor, o investimento maior, os programas eram pré-gravados e havia intervalos comerciais. A atriz Zodia Pereira interpretou Emília nesta versão.

Em 1974, um novo filme intitulado *O picapau amarelo* chegou ao cinema, com direção de Geraldo Sarno. Foi a partir desse filme que a TV Globo teve interesse em investir em uma série sobre o Sítio. No início dos anos 1970, a Rede Globo de Televisão, o Ministério da Educação e Cultura e a TV Educativa trabalharam em conjunto para a produção de um episódio-piloto da obra de

Lobato, adaptada por Afonso Grisolti e Wilson Rocha. Um grupo de professores, pedagogos e psicólogos, coordenados pela professora Maria Helena Silveira, foi chamado para preparar o programa, que tinha o objetivo de servir de apoio às escolas primárias. A Globo montou um cenário em um sítio de verdade, localizado na Barra de Guaratiba. Esse sítio hoje está completamente abandonado, mas é local de visitas para fãs do Sítio do Picapau Amarelo. As cenas internas eram filmadas em um estúdio, em Jacarepaguá. A trilha sonora foi dirigida por Dori Caymmi, e o tema principal, composto por Gilberto Gil. A música de Emília foi criada por Sérgio Ricardo.

O episódio-piloto foi "Dom Quixote", exibido pela TVE no dia 7 de março de 1973, para testar a audiência. A série começou a ser produzida em 1976, mas a estreia aconteceu em 7 de março de 1977, pela TV Globo, e passava de segunda a sexta às 17h25,

com reprise às 9h. A série durou nove anos, com 1.436 capítulos, e em 1979 ganhou um prêmio da Unesco como o melhor programa infantil do ano. O programa foi vendido para outros países, mas foi censurado em Angola, por terem concluído que Tia Nastácia era uma escrava. A primeira Emília desta série foi interpretada por Dirce Migliaccio. Depois foi substituída por Reny de Oliveira, que ficou na série por cinco anos. Reny afirmou que estava cansada da Emília, que essa personagem estava trazendo conflitos de personalidade. Mas existe outra versão para seu afastamento: Reny de Oliveira posou nua para a revista masculina *Playboy* e a chamada da capa trazia a imagem de Reny caracterizada como

Emília. No lugar de Reny de Oliveira, Suzana Abranches surgiu interpretando a boneca.

Em 1986, o contrato da Globo com a família de Lobato encerrou e a série foi suspensa. Mas, em 12 de outubro de 2001, a série voltou a ser exibida pela emissora com características muito diferentes das versões anteriores. A primeira inovação foi que a boneca Emília passou a ser interpretada por uma criança de oito anos, Isabelle Drummond, com uma caracterização completamente diferente das descrições feitas por Monteiro Lobato.

Na nova versão, Dona Benta e seus netos usavam a internet, e Tia Nastácia cozinhava com a ajuda do forno de micro-ondas, que ela chama de "mico". Os recursos visuais eram de última geração, a começar pelos efeitos de abertura. A trilha sonora foi totalmente refeita, sendo mantida apenas a música de abertura, composta por Gilberto Gil. O tema de Emília, então, passava a ser um rap, música de origem americana.

Além dessas inovações, as histórias sofreram muitas alterações em relação ao texto original. Os roteiristas utilizavam os personagens, mas, em muitos casos, criavam enredos completamente novos, bem distintos do texto de Lobato. A Rede Globo anunciou que a primeira aventura do ano de 2005 seria a adaptação de Dom Quixote das crianças, já que neste ano comemoraram-se os quatrocentos anos da publicação de *O engenhoso fidalgo Dom Quixote de la Mancha*, de Miguel de Cervantes. Em abril de 2007, a Rede Globo lançou uma nova versão do Sítio, com outra atriz representando Emília.

Em meio a tantas representações a boneca vai se reinventando conforme o tempo passa. Quantos anos ela tem? Quantas faces já teve? Onde mais aparecerá de surpresa, arrebatando a atenção das crianças de todas as idades? Emília segue sendo única, impossível de imitar em suas asneirinhas e estripulias. Emília para sempre.

BONECAS E PRODUTOS

Em carta de Monteiro Lobato com a data de maio de 1946, o autor comenta a existência de uma boneca fabricada na Argentina:

Recebi carta do meu editor argentino. Esperam-me com grandes coisas. Será que nem lá terei sossego?
Até a Emília vai ficar lançada em massa, como "boneca internacional". Tenho cá a fotografia da pestinha. E teremos o nosso Brasil a importar mais uma coisa de fora, as Emílias argentinas...

Seria a primeira de muitas versões comerciais da boneca Emília. No Brasil, a primeira boneca Emília foi produzida pelas Lojas Mesbla no ano de 1954, inspirada na caracterização da atriz Lúcia Lambertini.

Em seguida, com o início da série da TV Globo, a fábrica Estrela produziu mais de quarenta modelos de Emília, variando a roupa, tamanho e cor de cabelo. Com o relançamento da segunda série, a fábrica Grow lançou a boneca com as características da personagem na versão do ano de 2001. As bonecas antigas hoje são objeto de colecionadores e demonstram todas as variações de aparência da Emília no imaginário das crianças e de seus criadores. No entanto, são muito distantes das descrições físicas de Emília feitas pelo próprio Lobato ao longo da obra.

Mas o que vale, o que é mais importante nisso tudo, é que Emília é a boneca mais amada pelas crianças brasileiras. Seja nos livros, na TV, nos brinquedos e no material escolar, Emília segue em seus 87 anos de vida cada vez mais querida por todos! É um amor que passa de mãe para filha e não tem data para acabar.

De tanto pesquisar a vida da Emília, acabei organizando um dicionário com as palavras que ela inventa. Também selecionei suas melhores frases e fiz uma entrevista com ela mesma, estilo pingue-pongue, sobre coisas importantes para definir essa bonequinha. Ficou muito divertido!

DICIONÁRIO DE ASNEIRAS DA EMÍLIA

Acham asneira tudo quanto eu falo — mas nos momentos de aperto quem salva a situação é sempre a Asneirenta. Só uma coisa eu digo: se eu fosse refazer o mundo, ele ficava muito mais direito e interessante do que é. Os homens são todos uns sábios da Grécia, mas o mundo anda cada vez mais torto. Juro que com isso que chamam asneira eu transformava a Terra num paraíso...

MONTEIRO LOBATO, *O poço do Visconde*

ARIMÉTICA – maneira de Emília dizer Aritmética.
ÁGUA POTÁVEL – água do pote.
AZEITE DE DEFUNTO – petróleo. "Estou vendo que o tal petróleo não passa de azeite de defunto. Cadáveres de foraminíferos, peixe podre, cemitérios de caramujos – até já estou ficando com o estômago enjoado..."
BATATAL – adjetivo para designar algo muito bom.
BI-CARADA – mulher com duas caras.
BILONGUES – guardadinhos de Emília na sua canastrinha.
BISSOLUTAMENTE – o mesmo que absolutamente.
BISSURDO – o mesmo que absurdo.
BORBOLETEOGRAMA – envio de mensagens escritas em asas de borboleta.
CABEÇOLOGIA – ciência sobre o modo de a cabeça funcionar.
CROCOTÓS – "crocotó é uma coisa que a gente não sabe bem o que é. Crocotó é tudo que sai para fora de qualquer coisa lisa. O seu nariz, por exemplo, é um crocotó da sua cara, mas, como sabemos que nariz é nariz, não dizemos crocotó. Mas se nunca tivéssemos visto o seu nariz, nem soubéssemos o que é nariz, então poderíamos dizer que o seu nariz é um crocotó. Crocotó é tudo o que é empelotado ou espichadinho como os tais chicotes. Os marcianos são crocotíssimos."
DESTERRADOS – moradores da antiga cidade de Desterro, atual Florianópolis.
DRAGAS – "irmãs das drogas".
ENTRECOSTO DE ÁGUA – uma porção de mar encurralado entre costas, o mesmo que golfo.
ENXÁDIA DA SILVA – de acordo com Emília, é o nome da mulher que inventou a enxada.
EQUITAÇÃO – "equitação é coisa de cavalo. Andar a cavalo, montar a cavalo, cair do cavalo, puxar o rabo do cavalo, dar milho para o cavalo, pentear crina do cavalo..."
FAZEDOR DE DISCURSOS – o mesmo que orador.
FAZEDORES – o mesmo que fatores, termos da multiplicação.
FERRUGEM – é o ruge do ferro.
HIDROGÊNIO – "é o pai da água e, como a água é nossa mãe, ele é nosso avô. Viva o vovô Hidrogênio!"
HIPÓTESE – "hipóteses são as petas que os senhores nos pregam quando não sabem a verdadeira explicação duma coisa e querem esconder a ignorância."
LEGÍMACO – o mesmo que legítimo.
LISCABÃO – o mesmo que beliscão.
MANDIOCA LÍQUIDA – "leite, na minha opinião, é mandioca líquida".
MAOMÉS – tocadores de camelos, beduínos. "Pois assim como Maomé foi um tocador de camelos, os tocadores de camelos podem ser maomés."

MÁQUINA DE FAZER COMIDA – Tia Nastácia.
MASSA MÚNDICA – sinônimo de massa cósmica.
METEORITO – "pedras que os diabos jogam para espantar os anjos da terra."
METRO – "metro é um pedaço de pau amarelo, dividido em risquinhos, que há em todas as lojas. Serve para medir chitas e para dar na cabeça dos fregueses que furtam carretéis de linha".
MICRORRINO – Narizinho.
MILHÍFERO – produtor de milho.
OSTRACISMO – ostra cismando em um rochedo.
OVELHA – um novelo de lã por fora e costeletas por dentro.
PAGAR O PATO – "Vem de uma fabulazinha que eu vou escrever. Dois fortes e um fraco foram a uma restaurante comer um pato assado. Os dois fortes comeram todo o pato e deram a conta para o fraco pagar..."
PERFEIÇUME – o mesmo que perfeição.
POHITESE – outra maneira de Emília dizer a palavra hipótese.
POLVO – porção de cobras com todas as cabeças amarradas em um saco de couro solto no mar.
PÔR DO SOL DE TROMBETA – "quando o Sol tocava trombeta a fim de reunir todos os vermelhos e ouros do mundo para a festa do ocaso".
QUILÔMETRO QUADRADO – "É o contrário de quilômetro redondo. Quilômetro redondo é o que mede as distâncias nos caminhos. É redondo porque a gente vai pelos caminhos rodando em cima de rodas de automóvel; e quilômetro quadrado é o que mede o chão."
RABICAURO – Combinação de Narizinho com Rabicó. "Assim como a combinação do homem com o cavalo produziu o centauro, a combinação de você [Narizinho] com o Rabicó produzirá um Rabicauro." Essa asneira da Emília foi classificada como a Asneira nº 1.
SATÉLITE – "cachorro que segue o dono."
SETEPOHI – outra maneira de Emília dizer a palavra hipótese.
SISTEMA ESPARTANO – "sistema de Tia Nastácia com os pintinhos. Ela torce o pescoço de todos que não prometem bons frangos."
TESEHIPO – outra maneira de Emília dizer a palavra hipótese.
VACAS VEGETAIS – seringueiras da Amazônia. "Os tais seringueiros tiram-lhes o leite e fazem coalhada; e depois da coalhada fazem requeijão, que é a tal borracha."
VENEZIANO – marido das venezianas (apontando para as janelas).
VESÚVIO – "Tu vês, mas o u já vio."

• • •

EMÍLIA POR ELA MESMA

NOME – Emília.
TÍTULOS – Marquesa de Rabicó, Condessa de Três Estrelinhas.
ANO DE NASCIMENTO – 1920.
LOCAL DE NASCIMENTO – Rua Boa Vista, nº 52, São Paulo.
ALTURA – dois palmos ou 40 centímetros.
PESO – 5 quilos.
ESTADO CIVIL – separada.
EXPERIÊNCIA PROFISSIONAL – repórter do jornal *O grito do Picapau Amarelo*, que nunca foi publicado. Realizou importante entrevista com o Verbo Ser.
TEMPO DE EXPERIÊNCIA PROFISSIONAL – um dia.
ACIDENTES – queda no ribeirão durante uma pescaria, sufocamento com uma jaca.
DOENÇAS – anemia macelar no pernil barrigoide esquerdo.
ÁRVORE PREFERIDA – pitangueira.
PRATO PREFERIDO – ambrosia do Olimpo (que tem gosto de curau de milho).
COR PREFERIDA – vermelha.
FLOR PREFERIDA – as flores vermelhas dos mulungus.
QUADRO MAIS BONITO QUE VIU NA VIDA – as cerejeiras cobertas de flores, no Japão, do caminho de Tóquio a Quioto.
TALENTOS – caçar pulgas, colocar nomes, assobiar com os dois dedos na boca, ler números até a casa dos nonilhões sem errar, falar a língua do "P".
AVE PREFERIDA – pombinha branca.
TIME – Palmeiras.
SONHO – ser mulher de um grande pirata – de olho vermelho, chapéu de dois bicos e espada nos dentes – para mandar num navio.
PLANETA QUE ESCOLHERIA PARA MORAR – Saturno.
PALAVRAS PREFERIDAS – meu e minha.
MÚSICA PREFERIDA – "Pirulito que bate, bate."
PROJETOS PARA O FUTURO – construir uma máquina de fazer invenções: bota-se a ideia dentro, vira-se a manivela e pronto. Tem-se a invenção que se quer.
EMÍLIA POR EMÍLIA – "Eu sou a Independência ou Morte!"
PROJETOS LITERÁRIOS – escrever "Os netos da coruja", outra fábula para explicar a expressão "pagar o pato"; escrever um livro de memórias (que realizou); outra sobre um pombinho viajante.

AS MELHORES FRASES DE EMÍLIA

Que pena os relógios não andarem a galope, como os cavalos!

Figueira mole em pedra dura tanto dá até que fura.

Há montes de livros tão iguais que tanto faz a gente pegar num como pegar noutro. A obra é a mesma.

Nada me enjoa tanto como essa maçada de esperar que chegue a hora das coisas, a hora de brincar, a hora de dormir, a hora de ouvir histórias...

Quanto mais conheço os homens, mais aprecio as abelhas e as formigas.

Para os maus, paus.

Eu já virei uma Floriana Peixota: confio desconfiando.

Fé com fé, bá com bá – ferro com ferro, barro com barro.

Já notei que cebola comove mais as gentes do que a história mais triste que possa haver.

Eu sou pequenina e ninguém ainda me conquistou, nem me conquistará jamais.